자기

자신의

목격자들

자기 자신의 목격자들

한부영 · 페테르 밀레르 · 제인 마이탈 · 황미정 외 지음

안정흠 옮김

머리말

한국은 오랫동안 해외 입양 프로그램을 진행해온 국가로 알려져 있습니다. 지난 70년 이상 계속됐고 현재진행형입니다. 2022년 진실·화해를위한과거사정리위원회가 해외 입양 과정에서 발생한 367건의 인권 침해 사례를 조사하기로 결정했을 때 많은 입양인은 처음으로 자기 삶의 진실을 찾을 기회를 엿봤습니다. 또 어떤 이들은 가족을 만날 수 있을지 모른다는 희망까지 품고 있습니다.

입양인들은 덴마크한국인 진상규명 그룹DKRG에 모여들었고, 이후 노르웨이한국인 진상규명 그룹, 네덜란드한국인 진상규명 그룹, 호주와미국한국인 진상규명 그룹, 프랑스어권한국인 진상규명 그룹 등 자매단체가 결성됐습니다. 앞서 설립된 비판적입양인전선 및 스웨덴 한국입양인네트워크와 함께 모두 해외 입양에 대한 진실을 밝히고 정체성을 회복하려 노력하고 있습니다.

조사를 시작할 때만 해도 우리는 문서 위조, 신원 변경, 아동의 신상 정보 작성 시 템플릿 활용, 이중 아카이브 작성 등 지금은 널리 알려진 비리들을 알게 되리라고는 예상하지 못했습니다. 특히 대부분의 사례에서 해외 입양에 대한 부모 동의서는 누락되어 있었는데, 이는 친생 부모가 자녀의 해외 입양에 동의하지 않았거나 입양된 사실 자체를 모를 수 있다는 뜻입니다. 매우 우려스러운 대목이지요.

이 책은 진실과 화해를 찾기 위해 모인 입양인들이 한국 사회를 향해 집단적으로 내는 첫 번째 목소리입니다. 또한 입양인들의 희망, 사랑, 그리움을 담으면서 동시에 이별, 상실, 슬픔을 알리는 목소리이기도 합니다. 여기에 소개된 입양인들과 그들의 자녀(그중 일부는 벌써 성인이 됐습니다), 배우자, 그리고 부모의 이야기는 지난 70여 년간 한국을 떠났던, 공식적으로 약 17만 명(비공식적으로는 25만 명에 달하는)의 입양 아동이 겪은 경험 중 극히 일부에 불과합니다.

이 책은 2022년 가을부터 2023년까지 프레시안에 연재된 시리즈를 기반으로 하고 있습니다. 우리는 한국 정부와 사회가 입양인들의 정체성에 대한 권리를 이해하고 인정하길 바라는 마음에서 이 일을 시작했습니다. 국제법은 물론 한국의 국내법도 아동의 정체성에 대한 권리를 보장하며, 만약 그것이 일부라도 박탈당한다면 국가가 그 정체성을 재확립하도록 의무화하고 있지만 실상은 전혀 그렇지 못합니다.

우리는 자체 조사를 시작했고, 그러자 원가족의 호적을 유지하면서 고아 호적까지 지녀 두 개의 정체성으로 존재하는 입양인의 사례가 여럿 발견됐습니다. 또한 다른 아동의 신원으로 입양돼 평생 다른 사람으로 살아온 입양인들도 발견됐습니다. 심지어 어떤 입양인들은 서류와 일치하는 가족과 재회했지만, DNA 검사를 통해 혈연관계가 아님이 밝혀졌습니다. 유괴되어 입양된 사례들도 있는데, 이들 입양인 본인은 물론이고 한국의 가족들까지 오랜 세월 트라우마에 시달려왔다고 합니다.

공식적으로는 1970년대에 4만5035명의 아이가 한국을 떠났고, 1980년대에는 6만6511명이 떠났습니다. 한국에서 해외 입양을 가장 많이 보낸 시기가 바로 이 20여 년입니다. 오늘날 이 '아이들'은 성인이 되었고, 그중 많은 이는 부모가 됐으며, 심지어 조부모가 된 이들도 있습니다. 우리는 15개국 이상에 흩어져 다양한 언어를 사용하는 한국이 낳은 '유령 아이들'의 첫 세대로서, 이제 한국과의 관계를 새롭게 하기 위해 노력하고 있습니다. 문화적·언어적 특성을 넘어 우리 모두는 입양의 여파가 평생 동안 지속되며, 우리의 부모·배우자·자녀들의 삶에까지 영향을 끼친다는 사실을 잘 알고 있습니다.

책으로 묶어내는 이 이야기들을 통해 우리가 더 이상 과거의 그림자에 갇히지 않고 공식적으로 한국에서 환영받기를, 함께 길을 만들어나갈 수 있기를 바랍니다.

머리말 4

일러두기

· 본문에 언급된 나이는 글을 쓴 해인 2023년을 기준으로 했다.

첫 번째.

입양인이 목숨을 던질 때 대한민국 사람은 아무도 통곡하지 않았어

_김 톰슨

안녕, 대한민국!

내 친구 미아[1]의 모든 것을 너에게 알려주고 싶지만, 이제는 그녀가 더 이상 이곳에 없기 때문에 미아의 이야기를 하는 데는 한계가 많아. 친구한테 네 이야기를 해도 되냐고 허락을 구할 방법이 없거든.

그러니 이 글은 미아와 우리 우정에 관한 내 관찰과 경험을 적은 것이라고 생각해줘.

미아는 나한테 동료 입양인이자 친구였어. 2013년엔가 2014년쯤에 우리는 서울에서 만났지. 나는 그 도시에서 5년째 살고 있었어. 미아는 서울에 거주하는 많은 입양인이 그러듯이 한국어를 배우려 노력했고, 영어 글쓰기나 교육과 관련된 다양한 프리랜서 일을 할 뿐 아니라, 입양되어 자란 나라에서 저널리스트로서 여러 글을 기고하고 있었어. 재능 넘치는 작가이자 사진가였지.

　미아는 유쾌하고 독특한 사람이었어. 예를 들어 그녀는 내가 만난 그 어떤 사람보다 마시멜로를 좋아했어. 그녀는 마시멜로를 꼬치에 끼워서 양꼬치를 요리하는 뜨거운 숯불 위에 구워 먹으면 얼마나 행복한지 모르겠다며 웃으면서 말했는데, 그때 그 표정은 황홀경에 빠진 사람 같았어. 미아에게는 자기만의 특별한 자아가 있었지. 그녀는 한국 음식과 한국의 카페를 사랑했지만, 다이소에서 마시멜로를 살 수 있다는 사실만으로도 한국을 더 많이 사랑했어. 그 마시멜로가 자신이 자란 나라에서 구할 수 있는 것과는 달랐지만 말이야. 미아는 마시멜로 덕분에 한국 생활이 훨씬 더 쉬워졌다고 말하면서 웃었어.

　미아는 재미있고, 친절하고, 사려 깊은 사람이었어. 게다가 시간과 돈에 대해서는 놀라울 정도로 관대했지. 미아는 예전에 나와 내 파트너가 다큐멘터리 「사케의 탄생The Birth of Sake」을 재미있게 봤다는 얘기를 듣고서는 우리에게 요시다 양조장의 스페셜티 사케 두 병을 수소문해 선물한 적도 있어. 타인을 깊이 배려하고, 감사의 정을 솔직하고 부담 없이 표현할 줄 아는, 함께 어울리면 즐거운 사람이었지. 지금도 어딘가에서 그녀의 웃음소리가 들리는 것만 같아.

　미아는 밴드 넬Nell을 좋아했고, 내게 그들을 "소개해줘서"고맙다며 끊임없이 말했어. "너~~무 좋아요." 그녀는 앨범을 듣고 또 들으면서 넬의 얘기를 할 때마다 진지한 표정으로 이렇게 외

쳤어. 미아는 삶과 예술, 여행, 새로운 경험, 맛있는 음식, 그리고 마시멜로를 향한 즐거운 갈망을 지니고 살았던 지적이고 창의적인 사람이었지.

미아는 또 자신의 정신 건강 문제에 관해 깊이 인식하고 이해했으며, 나아지기 위해 누구보다 더 적극적으로 노력했어. 그녀가 스스로 전문가를 찾아가 먼저 도움을 구했던 사실만 봐도 알 수 있잖아. 자신이 우울증 진단을 받았다는 사실을 오히려 긍정적으로 활용해 다른 사람에게 더 공감하는 사람이 됐지. 이는 저널리스트로서 일하거나 사적인 관계를 맺는 데서 모두 잘 드러났어. 입양인들의 삶에서 트라우마나 비극은 아주 흔한 경험이야. 미아 역시 깊은 슬픔과 상실감을 지닌 채 살아오고 있었던 거야.

대한민국! 내가 너에게 이 글을 쓰는 이유는 미아가 나를 포함한 많은 사람에게 좋은 친구였다는 사실을 말해주기 위해서야. 미아는 자기 주변 사람들이 어떻게 살고 있는지 진심으로 궁금해하고 호기심을 가졌던 사람이야. 그래서 미아랑 같이 있으면 사랑받고, 보살핌을 받는다는 느낌이 들었어. 그녀가 세상을 떠난 지 4년이 지났지만, 나는 지금도 그녀를 사랑하고 보고 싶어.

대한민국! 너한테 한 가지는 확실하게 말할 수 있어. 미아를 입양 보낸 기관에서 그녀가 자살했다는 사실을 알게 된다면 그 책임을 그녀를 입양한 가정과 그녀가 처한 환경, 트라우마, 정신 건강 문제, 그리고 무엇보다 그녀 자신 탓으로 돌릴 거라는 점이야.

미아가 삶의 끈을 놔버리고 이 세상을 떠난 모든 '이유'의 근본 원인이 그들 자신에게 있다는 생각은 결코 하지 않을 거야.

한국의 입양 기관에서는 아마 이렇게 말할 거야. "가끔" "나쁜" 입양 가정을 골라내지 못하는 것은 안타까운 현실이지만, 그건 "극히 드문" 일이라고. 그들은 입양인이 비입양인보다 자살 시도를 하거나 자살할 확률이 네 배 높다는 잘 알려진 통계는 모른 척하거나 묵살해버릴 거야. 자신들은 미아가 겪었던 정신 건강 문제에 대해 책임이 없고, 그녀가 더 적극적으로 도움을 받았어야 했다고 말할 거야. 그러고는 미아에게 일어난 일이 안타깝다고 하겠지. 물론 그 말이 진심일 거라고는 믿어. 안타깝긴 하지만 자기네 책임은 아니라는 거겠지.

그렇지만 말이야, 대한민국! 미아를 입양 가정에 보낸 건 너희 입양 기관이야. 그리고 엄마나 아빠가 아이를 기르는 것보다 금전적 이득을 우선시하고 거기에 가치를 두는 너희 사회적인 혹은 정부 차원의 시스템이 있었기에 벌어졌던 일이라고 생각해. 그런 과정에서 미아에게 필요한 신체적·정서적 안정이나 지원은 우선순위에서 밀려났고, 그 가치도 인정받지 못했다고 봐야지.

미아는 정신적, 육체적 건강에 대한 책임을 고스란히 홀로 떠맡아야 했어. 어린 시절을 견뎌내고, 성장하는 법을 배우고, 성인이 된 후에는 한국 생활에 적응하고, 자신의 문화적·인종적 정체성을 탐구하며 받아들이고, 언어를 배우고, 자신의 '첫 번째' 가족을 찾거나 찾지 않을 결심에 이르기까지 모든 과정을 홀로

지고 있었어. 가족이나 문화, 정체성과 관련된 천부적 권리는 어렸을 때 그녀의 동의도 없이 팔려버렸지. 누군가의 막대한 금전적 이익을 위해서.

내가 좋아하는 대한민국아! 나는…… 네가 나를 포함한 수많은 입양인처럼 미아도 입양 기관, 입양인, 비입양인들로부터 이런 말을 끊임없이 들어야 했다는 사실을 알아줬으면 해. "너는 왜 그렇게 신랄하고 늘 분노에 차 있어? 감사하는 마음을 더 가져봐." "한국에서 고아로 자란 것보다는 훨씬 낫잖아." "너는 한국이 얼마나 가난했는지 몰라." "네가 서양에서 자란 건 정말 행운이야. 네 삶이 훨씬 더 나아졌으니까."

입양인으로서 우리가 정서적으로나 정신적으로나 강하고 긍정적인 사람이라 하더라도, 혹은 우리 양부모가 '완벽'한 분들이라 하더라도, 우리를 무시하는 듯한 이런 부정적인 태도와 인식이 담긴 말을 들으면 상처받는다는 사실을 네가 깨닫고, 느끼고, 또 이해해줬으면 해. 이런 말이 바로 '가스라이팅'이야. 이런 말이 우리를 불안하게 만들며 모든 선함과 사랑, 감사, 자아, 가치관 등에 의심을 품게 만들지. 또 이런 말은 우리를 부모나 조상의 뿌리, 언어, 문화도 모르는 배은망덕하고 사랑이 없는 인간으로 여기게 만들지. "우리는 '부유한' 서구에서 자라났잖아"라면서. 이런 일은 나를 포함해서 내가 아는 어떤 입양인도 감당하기 힘든 것이지만, 그 책임은 항상 우리에게 떠넘겨졌지.

이런 모든 일이 미아를 얼마나 지치게 만들었을지 생각해봐.

미아는 자신의 트라우마가 결코 자기 잘못 때문이 아님을 알 만한 지적 역량을 갖춘 사람이었어. 그럼에도 그녀가 감정적으로 얼마나 큰 타격을 입었는지 나는 짐작할 수 있어.

친애하는 대한민국! 미아가 목숨을 저버렸을 때 한국 시민 중 누구도 수의를 입고 거리에서 통곡하지 않았어. 지금 이 순간에도 네 땅에서 활동하며 경제적 이득을 위해 아이들을 서양으로 수출하는 입양 기관들은 신과 미아의 영혼 앞에서 무릎 꿇고 용서를 구하지 않았어.

통곡한 이들, 미아의 자살에 가슴이 찢어져 슬픔을 주체 못 하고 무릎 꿇었던 이들은 입양 생존자로 살아가고 있는 우리였고, 지금도 마찬가지야. 20만 명에 달하는 입양인 중 한 명이라도 자살, 중독, 학대로 세상을 떠난다면, 그 상실감은 매우 깊고 오랫동안 우리 모두를 짓누를 거야. 4년이 지난 지금까지 나는 내 삶이 아플 뿐 아니라 이 세상에서 그녀의 부재를 고통스럽게 느끼고 있어.

내가 너, 대한민국에게 편지를 쓰는 이유는 항상 기억해야 할 중요한 사실이 있기 때문이야. 그건 미아가 스스로 목숨을 끊은 것이 그녀 잘못이 아니라는 거지. 그래, 미아가 마지막에 그런 선택을 한 것은 맞아. 하지만 그 선택은 입양 기관이 미아를 입양자들에게 팔던 날 거의 결정된 것이기도 해.

네가 무슨 말을 하려는지 알아! 미아가 그녀의 원래 가족과 자랄 수 있었더라도 정신 건강 문제로 어려움을 겪었을 가능성이 있다는 것은 사실이야. 하지만 나는 강제로 버려지고 입양되어 생긴 트라우마가 없었다면 미아가 30대 후반에 목숨을 끊는 일은 일어나지 않았을 거라고 자신 있게 말할 수 있어. 그녀는 이 세상에 받아들여지기에는 너무 크고 선한 마음을 지닌 사람이었거든.

미아가 죽었을 때 나만 사랑하는 친구를 잃은 게 아니었어. 우리 입양인 모두 또 한 명의 친구를 잃었지. 그리고 당신이 받아들이든 그렇지 않든 상관없이 내게는 소중한 대한민국아! 당신은 훌륭한 여성, 창의적인 정신, 좋은 친구, 훌륭한 딸, 훌륭한 자매, 훌륭한 이모, 훌륭한 동반자, 훌륭한 마음, 그리고 문학·예술·문화의 풍요로움에 크게 기여할 잠재력을 가진 훌륭한 한국인을 잃었어.

무엇보다 사랑하는 대한민국아! 미아가 입양 기관 때문에 입은 상처와 트라우마로 목숨을 잃었을 때, 당신은 당신의 자녀 중 한 명을 잃어버린 거야.

- **이름** Kim Thompson

- **생년월일** 1975년

- **국적** 미국

- **입양 시 나이** 7개월대

- **한국 입양 기관** 홀트

- **글쓴이** 김 톰슨은 한국계 퀴어 입양인이자 다학제적 예술가다. 생후 7개월경

홀트를 통해 서울에서 미국으로 합법적으로 밀거래되었다. 동유럽과 서유럽,
한국, 미네소타주 미니애폴리스에서 25년 동안 거주하다가 지금은 오리건주
포클랜드에 살고 있다. 서울에 거주하는 동안 최초이자 가장 오랫동안 진행된
퀴어 및 동맹 행사인 Meet Market을 공동 창립하고 운영했다. 작가이자 연기
자로서 활동하고 있다.

두 번째.

진실 앞에서 무너지거나
흔들리지 말 것

_크리스틴 몰비크 보튼마르크

1998년, 150명이 넘는 아이가 한국에서 노르웨이로 입양되었고, 크리스마스 직전에 내 아들이 될 아이가 도착했다. 이제 막 걸음마를 뗀 한 살배기였는데, 온갖 소지품이 든 작은 파란색 가방이 아이에게 딸려 있었다.

그로부터 20여 년이 지난 2020년 1월, 영국에서 사진을 전공하던 대학생 아들이 집에 와서는 정체성 프로젝트를 하게 됐다며 자신의 입양 서류를 보여달라고 했다. 나는 서류 몇 장이 끼워져 있는 폴더, 입양 당시 입었던 옷, 잠옷, 젖병, 공갈 젖꼭지, 그리고 열 장의 사진이 담긴 앨범 등이 든 파란 가방을 찾아서 건넸다. "정말로 이게 다예요?" 아들이 물었다.

그는 영국의 대학으로 돌아갔고, 얼마 지나지 않아 코로나로 인해 사회 전체가 봉쇄되었다. 나는 엄마로서 기숙사에 혼자 있

는 아들과 매일 연락을 해야 했다. 이 기간에 우리 사이에 입양을 주제로 한 대화가 시작되었다. 입양 가족 안에서 다른 식구들과 닮지 않았다는 것을 알았을 때 어떤 느낌이었어? 서구의 기준밖에 없는 상황에서 너를 외국인으로 대하는 '백인' 사회를 경험할 때 어땠어? 자신의 생물학적 기원을 모르는 것은 어떤 느낌이야? 왜 너는 한국이 떠나보낸 20만 명의 아이 중 한 명이 되었을까?

아들과 대화를 잘 해보려고 각종 문헌과 연구를 찾아보고 다양한 이익집단과 가까워지면서, 나는 많은 해외 입양인이 왜 자신들이 가족과 문화로부터 뿌리째 뽑혔는지에 대해 의문을 품고 있다는 사실을 알게 되었다.

2022년 가을, 나는 덴마크한국인 진상규명 그룹의 요청을 받은 대한민국의 진실·화해를위한과거사정리위원회가 한국에서 입양된 아동들에 대한 조사를 시작했다는 정보를 입수했다. 그뿐만 아니라 노르웨이에도 한인 인권단체가 설립되었고, 노르웨이의 몇몇 한국인 입양인이 진실화해위원회에 자신들의 사례를 제출했다.

노르웨이에서는 해외 입양인들이 여러 해 동안 당국에 입양 시스템을 조사해달라고 요구해왔다. 2023년 1월, 마침내 아동가족부 장관은 독립적인 조사에 착수하기로 결정했다.

지금까지 해외 입양에 관한 서사는 입양 부모의 시선에서 짜여왔고, 입양은 행복으로 가득하다는 것이 수십 년 동안 반복된 내용이었다. 오랫동안 기다리던 아이를 얻은 입양 가족과 더 나

22

은 삶의 기회를 갖게 된 다른 나라에서 온 아이라는 흔하디흔한 이야기 말이다.

그러나 이제 나는 입양 시스템상에서 벌어졌던 서류 위조와 비리를 알게 되었다. 많은 사례는 특히 그들의 친생 부모와 가족에게 영향을 미치는 인권 침해의 구조적 특징을 보여준다. 물론 점점 더 많은 입양인이 자신의 입양이 진짜 신분과 정체성을 조작한 서류에 기반한 것이라고 의심할 때 나와 우리 가족은 상처를 받는다. 입양 어머니로서 이런 글을 읽는 것은 고통스러울 뿐 아니라 믿고 싶지도 않다. 그렇다고 이것이 사실이 아니라는 뜻은 아니다.

내가 한국에서 아이를 입양해 엄마가 되었다는 사실이 인권을 침해하는 데 가담한 것일 수 있음을 인정하는 일은 고통스럽지만, 받아들일 수밖에 없다. 엄마로서 나는 힘겹더라도, 인간으로서 입양과 관련된 복잡한 사안을 비판적으로 검토해야 할 큰 책임을 갖고 있다. 입양과 입양 구조는 모순으로 가득 차 있고, 부모로서 우리는 입양 제도가 실제로 아이에게 가장 좋은 선택지였는지 확인하는 역할도 감수해야 한다.

한국에서 노르웨이로 입양된 약 6000명의 입양인은 대부분 성인이 되었다. 그들은 변호사, 교사, 심리학자, 작가, 연구원, 언론인, 교수 등 다양한 직종에 몸담고 있다. 따라서 지금 상황에서 해외 입양이 무엇을 의미하는지 재조명할 수 있다는 사실은 누구에게도 놀라운 일이 아닐 것이다.

성인 입양인들이 해외 입양에 대한 조사를 촉구할 때 나는 이를 진지하게 받아들이려고 한다. 정밀 조사를 요구하는 이들은 자신의 기원과 배경, 입양 절차, 그리고 그런 절차를 규정하고 있는 시스템에 대한 진실을 알기 원한다. 그들은 비리를 밝혀내고 당국과 담당자들에게 책임을 묻기를 원하는데, 이는 유엔의 가이드라인과도 전적으로 일치하는 것이다.

그렇다. 우리가 믿고 있는 이야기가 무너지고 입양 가정으로서의 자아상이 흔들리는 것은 가슴 아픈 일이다. 하지만 부모로서 우리는 공동의 책임에서 쉽게 벗어날 수 없다. 우리는 아이를 한 번 입양했지만, 아이들은 자신이 입양되었다는 사실을 평생 되새기며 살아가기 때문이다. 입양 가정으로서 우리는 결코 인권 침해를 정당화할 수 없다. 이에 나는 입양 부모들이 괴롭더라도 자녀의 진실을 찾기 위한 노력을 지지하고, 때로는 진실이 가혹하게 밝혀지더라도 그 고통을 감내해달라고 호소한다. 그런 다음에야 우리는 앞으로 나갈 수 있으며, 상처 입은 이들에게 보상해 줄 수 있다. 상처는 저절로 낫지 않는다. 입양은 평생에 걸쳐 영향을 미치며, 미래 세대에게까지 대물림되기 때문이다.

- **이름** Kristin Molvik Botnmark

- **생년월일** 1967년

- **국적** 노르웨이

- **글쓴이** 사회학자, 『입양 합의The Adoption Reckoning』 저자.

세 번째.

"네 장애 때문에 너를 데리고 휴가 가는 건 너무 힘들어"

_니아 토프타게르

제 이름은 니아 경자 리 코 토프타게르입니다. 저는 네 살 때 덴마크 가정에 입양돼 지금은 덴마크인 남편, 스물한 살짜리 아들, 열두 살짜리 딸과 함께 덴마크에 살고 있습니다. 다른 많은 입양인과 마찬가지로, 제 이름은 입양 전의 한국 이름과 입양 가족이 지어준 것이 섞여 있어서 독특합니다. 짧지만 이렇게 제 삶을 쓰는 것은 커다란 도전이었습니다. 어디서부터 어떻게 시작해야 할지, 제 생애의 구체적인 순간들을 어디까지 집어넣어야 할지 생각해보는 일은 꽤나 어려웠습니다. 입양인이 되었다는 것 자체가 이미 많은 내용을 담고 있으니까요.

저는 1968년 5월에 태어났다고 합니다. 날 때부터 뇌성마비라는 장애가 있었는데, 입양 기관에 여러 차례 요청했음에도 불구하고 여태까지 제 삶에 관한 가장 기본적이고도 근본적인 물음에 대한 답을 얻지 못하고 있습니다. 오히려 제가 사실이라고 생각했던 많은 것이 시간이 지나면서 사실이 아닐 가능성만 높아지고 있죠. 한 가지 확실한 사실은 제 마음속에는 늘 설명할 수 없는 그리움과 슬픔이 간직되어 있다는 것입니다.

제가 입양된 가정에는 이미 네 명의 자녀가 있었기 때문에 제 양부모님은 저를 포함한 어느 누구도 더 받아들일 생각이 없었습니다. 하지만 저를 입양하려 했던 원래 가정에서 주저하자 지금의 양부모님이 대신 키우기로 결정했죠. 양부모님은 제게 말씀하셨어요. 네 장애 때문에 그 가정에서는 입양을 포기했고, 대신 우리가 받아주었으니 행복하고 감사해야 하며, 가능한 한 빨리 적응해야 한다고요.

어린 시절 몇 년 동안 저는 병원과 훈련 시설들을 전전했습니다. 저는 그곳에서 보내야 했던 수많은 생일과 크리스마스를 기억합니다. 어떤 아이들도 그렇게 홀로 남겨져서는 안 되며, 특히 명절이나 그 밖의 특별한 시기에는 더더욱 그렇습니다. 저는 입양 가족이 선택한 이런 육아 방식 때문에 값비싼 대가를 치러야만 했습니다!

제 뇌성마비는 꽤 심각한 상태입니다. 어린 시절 제 다리는 툭 하면 꼬였고, 왼쪽 다리는 거의 쓸 수 없었습니다. 지금은 약간의 도움만 받으면 걸을 수 있지만, 장거리를 이동할 때는 여전히 전동 휠체어에 의지해야만 합니다.

덴마크에 사는 한국인 여성, 특히 장애를 가진 입양인이라는 사실은 제가 원하지도 않고 요구하지도 않았던 방식으로 저를 눈에 띄게 만들었습니다. 저는 어디서도 어울리지 못하는 십대였고, 열여섯 살이 되던 해에 입양 가정에서 떠나라는 요청까지 받았습니다. 그래서 그렇게 했죠. 그때는 아직 미성년자였기 때문에 제게는 법적 후견인이 필요했습니다. 이때 나이 많은 제 여자 친구가 홀로 남겨진 제게 도움과 편의를 주었고, 저는 1년 후 첫 집을 얻을 때까지 그녀의 집에서 살았습니다. 그 기간은 격동의 세월이었고, 저는 제가 누구와도 잘 섞여들지 못한다는 사실만 확인했을 뿐입니다.

독립해서 아파트로 이사한 후, 저는 테크니컬 그래픽 디자이너로서의 교육을 마치고 몇 차례 전시회도 열었지만, 이 직업은 제게 맞지 않았습니다. 대신에 저는 동네 레스토랑에서 일을 돕기 시작했고, 곧 이것이 제 열정을 바칠 수 있는 분야임을 알게 되었습니다. 저는 요리를 좋아합니다. 음식을 준비하고, 제가 아끼는 사람들과 나누며 즐기는 것이 행복합니다. 한식은 오랫동안 제 집을 찾아오는 사람들에게 환영받는 음식이어서 저는 한식 요리에 전념하고 있습니다. 지난 30년간 다양한 종류의 김치를 담갔으며, 그중 10년 동안은 덴마크 사회에 발효 음식의 특성을 알리기 위해 노력해왔습니다. 덴마크도 오랜 발효 식품의 역사를 가지고 있지만 오늘날 대부분의 사람은 그 방법과 특성을 잊고 삽니다.

지금까지 제 이야기를 짧게 정리해봤습니다. 여러분과는 너무 다른 삶을 살아왔죠.

저는 항상 뭔가 더 나은 것이나 다른 어떤 것들을 추구해왔습니다. 하지만 2019년 서울에 첫발을 디뎠을 때 바로 깨달았습니다. 저는 서울이나 인천 출신이 아닌데도 인천공항에 내리자마자 집에 돌아온 느낌을 받았어요. 지금도 그때의 감정을 말로 표현하기가 어렵습니다. 그때의 기분을 "이상했다"라고 할 수밖에 없는데, 사실 굉장히 절제한 표현입니다. 당시 저는 막 울음을 터뜨릴 것만 같았어요. 대부분의 덴마크 친구들과 달리 저는 전에 한 번도 해외여행을 해본 적이 없었습니다. 양부모님은 제가 어렸을 때 네 장애 때문에 너를 데리고 휴가 가는 것은 너무 힘들고 귀찮다고 솔직하게 말씀하셨죠. 그래서 그분들이 이국적이고 흥미로운 곳으로 여행을 떠날 때마다 저는 병원에 있거나 다른 보호자에게 맡겨졌습니다.

저는 한국이 휠체어 사용자가 살기에는 너무 힘든 곳이라는 말을 들어왔습니다. 그래서 한국 여행을 망설였죠. 하지만 50세가 되던 해에 그래도 한 번은 가보자고 스스로에게 약속했습니다. 이건 정말 잘한 생각이라고 저 자신에게 말하곤 합니다. 왜냐하면 한국 방문처럼 치유적이고 성취감을 주는 여행은 어디에도 없을 테니까요. 제가 한국을 찾은 이유 중 하나는 입양 기관을 방문하는 것이었습니다. 거기서 만난 사회복지사는 정말 친절했습니다만, 제게 대답이 아닌 더 많은 질문거리를 남겨주었습니다.

저는 한국에 도착하기 전에 미리 제 입양 서류의 검토를 요청

했는데, 입양 기관에 도착해보니 정말 놀랄 만한 일이 기다리고 있었습니다. 그곳의 사회복지사가 제게 내민 서류들은, 여느 입양인 친구들의 서류와는 달리 대부분 백지 상태였습니다. 세상의 어떤 기밀문서라도 50년이 지나면 해제되어 열람이 가능하건만, 저에 관한 서류는 열람할 정보가 거의 없었습니다. 대체 과거에 무슨 일이 있었던 걸까요?

정확하게 말하면, 새로운 정보를 얻기는 했습니다. 양부모님의 말씀과는 달리 저는 부산 출신이 아니었고, 고아원 출신도 아니었습니다. 저는 제주라는 마법 같은 섬 출신이었습니다. 하지만 그게 다였어요. 다른 정보는 없었습니다.

저는 그해에 하루빨리 한국에 다시 오고 싶었지만, 팬데믹 때문에 그럴 수 없었습니다. 그래서 제가 누구인지 알지 못하는 상태에서 한국과의 인연을 중단할 수밖에 없었습니다. 그렇게 덴마크에 '간혀' 지내는 동안 너무 많은 사람이 배경 정보가 거의 없거나 서류가 위조된 채 입양되었고, 이 때문에 원래의 가족과 언어·문화로부터 뿌리뽑혀 트라우마에 시달려왔다는 사실을 알게 되었습니다.

저는 한국으로 돌아갈 길을 찾았습니다. 여러 이유가 있겠지만, 무엇보다 뇌성마비 장애인의 기대 수명이 길지 않기 때문에 노후의 사치를 누릴 여유가 저한테는 없었습니다. 희망은 멋진 단어지만, 커다란 실망감을 안겨주기도 합니다. 제 희망은 제가 태어난 고향을 한 번이라도 방문해보는 것이었습니다. 2022년 여름, 우여곡절 끝에 저는 말 그대로 멋진 제주도에 발을 디딜 수 있었습니다! 제 몸과 마음이 고향에 돌아왔음을 느꼈고, 몇 년 만에 처음으로 긴장을 풀고 마음껏 쉴 수 있었습니다. 하루하루 가 아주 빨리 지나갔습니다. 당시에 살이 좀 쪘는데, 제주의 맛있 는 음식을 탓할 수밖에 없겠습니다.

서울로 돌아와 입양 기관을 다시 방문했지만, 그때마다 질문거 리만 늘어났습니다. 제 입양 서류는 그들이 2019년에 검토했을 때보다 훨씬 더 얇아져 있었고, 다시 말하지만, 읽을 수 있는 서 류는 많지 않았습니다.

저를 포함한 해외 입양인들이 자신의 개인 정보에 접근하는 것은 무척 힘든 일입니다. 정확하고 포괄적인 정보에 접근하기 힘 들다는 점만 문제인 것은 아닙니다. 입양과 관련된 문서의 대부 분은 (그것이 정확한 정보라는 가정을 하더라도) 우리에게 낯선 한 글과 한자로 되어 있습니다. 이것은 우리에게 또 다른 장벽입니 다. 한국에서 덴마크로 돌아온 후, 저를 포함한 덴마크의 입양인 들은 이런 문서를 읽고 이해할 만한 기초 지식이 필요하다고 판 단했고, 이 문제를 해결하기 위해 '타임라인 워크숍'을 개최하기 로 했습니다. 매주 수요일 제 작은 집에는 김이 모락모락 나는 밥 과 갓 담근 김치, 불고기 냄새를 맡으며 한국과 입양에 대한 지식 을 공유하려고 모인 새로운 사람들로 가득 찼습니다. 그런 과정 에서 입양 기관은 아이들의 법적 후견인임을 증명하기 전에 이미 고아 호적을 제공받았으며, 심지어 한 여성은 입양이 아닌 위탁 양육을 위해 한국에서 덴마크로 보내졌다는 사실까지 알게 되었습니다.

저는 덴마크에 도착한 후 입양 가족이 받아들일 때까지 제가 어디에서 누구의 보호를 받고 있었는지에 대한 답을 찾고 있습니다. 덴마크에 보호자가 없었다면 한국으로 돌아왔을 가능성이 있었을까요? 아니면 덴마크 고아원에서 길러졌을까요? 그리고 누구에게 그런 결정을 내릴 권한이 있었을까요?

우리는 입양인들도 세상의 다른 모든 생명체와 마찬가지로 동등한 권리를 가지고 있으며, 우리가 물려받은 유전 형질에 대해 알 권리가 있고, 다른 모든 사람과 마찬가지로 우리 삶을 선택할 권리가 있습니다.

미국에서는 물론 한국에서도 홀트 가문은 해외 입양에 관여하는 것으로 유명합니다. 덴마크에도 똑같이 활동적인 여성이 있었고, 그녀가 좋은 의도를 가지고 있었는지는 모르겠지만, 저는 그녀나 홀트 가문이 아이들을 입양 보낼지 말지를 판단하는 최후의 결정권자가 되는 것에 동의하지 않습니다.

지금 전 세계 입양인들은 "우리가 원하는 것은 무엇인가?"라고 스스로에게 묻고 있습니다. 제 대답은 아주 간단합니다. 저는 다른 모든 사람과 동등한 권리를 원합니다. 저는 입양으로 아이를 잃은 모든 가족에게 진실을 알리고, 가족 해체 사업을 진행한 사람들에게 책임을 묻고 싶습니다. 저는 세상이 우리에게 뭐라고 하든 상관없이, 모든 입양인이 자기 자신에게 진실하기를 바랍니다. 비통함은 더 이상 건설적인 동반자가 될 수 없습니다.

- **이름** Nia Kyung Ja Lee Koh Toftager

- **생년월일** 1968년

- **국적** 덴마크

- **입양 시 나이** 거의 5살대

- **한국 입양 기관** 홀트

- **입양 동의서 포함 여부** 입양 동의서나 경찰 신고서가 입양 서류에 포함되지 않았다.

- **글쓴이** 그래픽 디자이너이지만 몇 년 동안 중국 식당에서 일했다. 몸 상태가 악화되기 전까지 김치를 만들고 유통하는 일을 해왔고 덴마크 야채를 활용해 색다른 김치를 개발하기도 했다. 결혼해 두 자녀를 두었고 아들은 스물두 살, 딸은 열세 살이다. 2023년 MR 스캔을 받은 결과 자신이 장애를 갖고 태어나지 않았다는 사실이 기록되어 있었다.

네 번째.

한 인간에게 닥친
비자발적 장애와 같은 것

_안 안데르센

이런 질문을 받았습니다. "입양에 관해 한국 사람들한테 무슨 이야기를 하고 싶어요?" 여기에 답하기 위해 제 입양 이야기를 한국어를 배우는 과정과 비교해보겠습니다. 입양 이야기를 풀어내는 것은 새로운 언어를 배우는 것과 비슷하기 때문입니다.

제1단계 팩트FACTS. 사실에 접근하기 위해서는 먼저 한글을 배워야 합니다. 한글은 기본, 즉 사건 번호와 이름에 해당되므로 한글을 배우지 않고서는 한 걸음도 나갈 수 없습니다.

이름, 생일, 부모님의 이름. 보통의 아이들이라면 대부분 알고 있는 정보죠. 하지만 많은 입양인은 그렇지 못합니다. 2004년부터 저는 제 정보에 접근하기 위해 노력해왔습니다. 제게 입양인이란 사실은 온전한 삶을 살아갈 가능성을 박탈당했다는 뜻입니다. 인간의 삶에서 가장 기본이 되는 정보인 출신, 생물학적 유

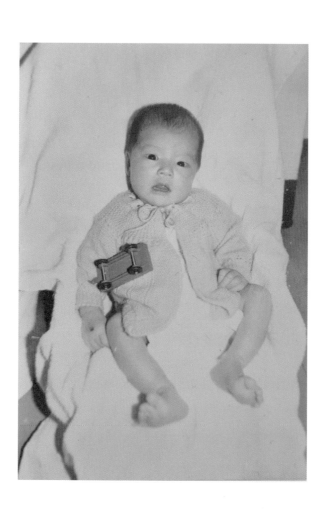

산, 소속감을 박탈당한 것과 마찬가지죠. 마치 신체가 절단된 듯한 느낌입니다. 육체는 살아 있지만, 제 삶에서 뭔가가 영원히 채워지지 않고 비어 있는 느낌이죠. 피해를 줄일 방법을 찾고 '함께 살아갈' 방법을 궁리하는 것은 여러분 몫입니다. 입양은 한 인간에게 닥친 비자발적 장애와 같은 것이니까요.

제2단계 정보INFORMATION. 이 과정은 문법을 배우는 것과 같습니다. 어떻게 입양됐는지 '알고' 싶기 때문에 서류에 적혀 있는 정보에 해당되는 문법을 배워야 합니다.

여러 해 동안 저는 입양이 전환점이라고 생각했습니다. 제 삶에서 언젠가는 사라질 시기라고 여긴 거죠. 그러던 어느 날 도서관에서 50대의 입양인이 쓴 책을 읽고는 생각이 달라졌습니다. 그때 저는 30대였는데, 입양인이라는 현실이 평생 동안 계속될 거라는 사실을 불현듯 깨달았습니다. 해외 입양인으로서의 삶은 이중성으로 가득합니다. 입양된 나라에서는 아시아인의 외모 탓에 늘 그들과는 다른 사람 취급을 받고, 한국에서는 언어나 문화적 행동 능력의 부족 탓에 또 다른 이방인 취급을 받습니다. 어느 한쪽에 100퍼센트 온전하게 속하지 못하고 있다는 느낌으로 사는 것은 가슴 아픈 일입니다. 저는 지금 한국어를 배운 지 거의 2년이 됐습니다. 열심히 노력하며 땀과 눈물을 쏟아부었습니다. 하지만 제게 한국어는 삼키기에 너무 쓴 약과 같습니다. 이번 생에는 결코 한국어를 유창하게 할 수 없을 것 같다는 예감이 듭니다.

제3단계 의미 파악하기SENSE-MAKING. 문법을 배웠으면 그다음에는 포괄적인 문장을 구성하는 법을 배워야 하죠. "듣는 것을 다 믿지 마세요"와 같은 문구의 진정한 의미를 배우는 것과 같습니다. 왜냐하면 모든 문서가 신뢰할 수 있는 것은 아니며, 심지어 '기관'의 공식 도장이 찍힌 것조차 마찬가지이기 때문입니다.

자신의 입양 서류를 볼 수 없다는 사실은 제게 무력감만 남겼습니다. 거대한 시스템 안에서 저는 보잘것없는 존재였죠. 아무도 제 목소리를 듣지 않았고, 저를 대신해서 결정했던 그들이 누구인지는 여전히 감춰져 있었습니다. 이런 무기력함이라니! 저는 행복한 입양 따위의 말을 믿지 않습니다. 그런 건 존재하지 않습니다. 입양은 항상 가족이 해체되는 것으로부터 시작됩니다. 아이는 부모를 잃고, 부모는 아이를 잃는 거죠. 입양은 거대한 인간 실험입니다. 입양은 위험한 사업입니다. 말 그대로입니다.

제4단계 결정DECISION. 마지막 단계는, 어떤 문장에는 두 번째 의미가 포함되어 있다는 사실을 배우는 것입니다. 당신이 참이라고 생각했던 정보가 거짓으로 드러났을 때 그만 포기할 것인지, 진실을 찾으려고 더 노력할 것인지 결정해야만 합니다. 최종 결정의 몫은 제게 남아 있고요.

저는 여러 해 동안 입양과 관련된 수많은 의문과 의심, 불공평한 감정을 느껴왔습니다. 질문에 대해 제대로 된 답변은 거의 없었고, 비밀과 거짓말, 가짜 정보, 사기, 함정 등이 이어졌죠. 이런 모호성은 확실히 사람의 성격에 영향을 미칩니다. 저는 무언가를 기다리는 사람처럼 불안했습니다. 마치 한국어의 한恨 같은 게 제 속에 기거하는 듯했습니다. 저는 그동안 전해 들었던 과거 한국에서의 제 정보가 사실인지 거짓인지 모르겠습니다. 지난 몇 년 동안에도 그랬고, 지금도 우리는 여전히 개인 데이터에 접근할 수 없습니다. 우리 대부분은 어리고 순진한 아이였을 때 팔려서 한국을 떠났습니다. 우리는 아무런 목소리를 내지 못했습니다. 영향력도 없었습니다. 우리 삶과 운명은 누군가에 의해 결정되고 거기에 따랐습니다. 이제 우리는 성인이 되었습니다. 이제 우리에겐 목소리가 있습니다. 이제 우리는 우리 권리를 요구합니다. 입양인은 인간이므로 입양인도 인권을 보장받아야 합니다. 이것은 우리 이야기입니다. 우리 삶입니다. 우리 권리이며, 우리의 서류입니다. 이런 정보를 비밀로 유지하는 것은 범죄이며, 불법으로 규정되어야 합니다.

입양에는 양면성이 있습니다. 입양된 나라에서 저는 "한국보다 이곳의 삶이 더 나을 것이다" "한국에서라면 어떤 삶을 살았겠느냐?" "입양된 것에 대해 이 나라와 양부모, 우리 사회에 감사해야 한다"라고 말하는 사람들을 만났습니다. 이런 말은 제가 감사해야 한다는 것을 전제하고 있습니다. 감사합니다! 그런데 무엇에 대해서요? 그리고 누구에게요? 입양되지 않았다면 제 인생이 어땠을지는 아무도 모릅니다. 이런 말들은 저를 화나게 했습니다. 그들이 누구를 심판한단 말입니까? 저는 그들이 한국을 심판하는 것에 분노하고 그들을 원망했습니다.

사람들이 제게 감사하냐고 물으면 저는 무엇에 대한 감사냐고 되묻습니다. 한국에서 팔려 이곳에 왔다는 것에 대해서요? 한국의 뿌리, 가족, 정체성을 잃은 것에 대해서요? 아니면 당신에게 감사할까요? 한 가지 확실한 것은, 다음 생에서 스스로 선택할 수 있다면 저는 입양인이 되는 것만은 절대 고르지 않을 것이라는 사실입니다. 저는 제가 소수가 아닌 다수의 일부에 속하는 사회에서 살고 싶습니다. 만약 제가 직접 나라를 선택할 수 있다면, 저는 한국을 고를 것입니다. 오랫동안 저는 오로지 친어머니를 찾는 데에만 관심이 있었습니다. 지금은 한국에 형제자매나 다른 가족이 있을 수도 있다는 것을 알고 있습니다. 설령 그렇지 않더라도, 저는 언제나 제 뿌리와 유산을 한국에서 찾을 것입니다. 친어머니를 만나는 것은 제 인생에서 가장 큰 일이 될 것입니다. 만약 친어머니가 돌아가셨다면, 그 무덤을 찾아 꽃 한 송이 놓을 기회가 주어지길 진심으로 바랍니다.

그리고 임신한 소녀/여성이 어떤 상황에서도 쫓겨나거나 차별받지 않고 아이를 낳고 키우며 현대 한국 사회에서 당당한 시민으로 살아갈 수 있도록 한국의 법률이 뒷받침되기를 바랍니다! 아이를 낳고 키우는 것은 여성 혼자만의 책임이 아닙니다. 또한 국내 입양인뿐만 아니라 해외 입양인도 한국 사회의 일원으로 인정받는 날이 오기를 바랍니다. 동등한 국민으로 말이죠. 비록 입양으로 한국을 떠났지만, 우리는 여전히 한국 역사의 일부입니다. 한국이 미혼모/미혼부도 아이를 키울 수 있는 사회로 바뀌었으면 좋겠습니다. 전 세계 모든 입양인이 입양 서류에 완전하고 조건 없이 접근할 수 있게 되길 바라며, 곧 이들 서류를 우리 손에 쥐게 되길 바랍니다. 그렇다고 해서 우리의 입양이 취소되지는 않겠죠. 다만 한국이 과거 입양의 공백을 메우는 데 한 걸음 더 나아가길 바랍니다. 진실이 밝혀지기를 바랍니다.

입양 과정에서 해체된 가족들과 그 과정에서 죽어간 어린아이들을 항상 기억합시다. 그들이 언제나 기억되고, 영원히 평화롭게 쉬기를 바랍니다.

- **이름** Ahn Andersen

- **생년월일** 1968년

- **국적** 덴마크

- **입양 시 나이** 2살 3개월대(입양 서류가 맞으면)

- **한국 입양 기관** 홀트

- **입양 동의서 포함 여부** 입양 동의서나 경찰 신고서가 입양 서류에 포함되지 않았다.

- **글쓴이** 현재 한국에 거주하고 있고, 한국의 유산 및 뿌리와 연결되길 바란다. 언어심리학 석사 학위를 취득했고, 스물네 살의 딸을 두고 있다.

다섯 번째.

맥락 없는 삶은 성장할 수 없습니다

_에리카 블릭만

사랑하는 당신에게,

오늘이 여권에 적힌 당신의 생일입니다. 2000년에 친어머니와 재회한 후 당신은 자신이 실제로 태어난 날을 알게 되었습니다. 그럼에도 불구하고 우리는 항상 오늘을 당신의 생일로 축하해왔습니다.

당신은 거창한 생일 파티를 좋아하지 않았고, 나랑 아이들과 함께 외식하는 것을 선호했죠. 오늘 아이들과 함께 조촐한 생일 파티를 열려고 해요. 당신이 우리의 잃어버린 조각이잖아요. 그래서 '잃어버린 조각the missing piece'이라는 이름의 퍼즐을 하나 샀어요. 매년 당신의 생일 때 그랬던 것처럼 당신의 무덤에 놓을 꽃도 준비할 거예요. 그런 다음 우리는 당신이 가장 좋아했던 애플 파이를 구워서 늘 함께 가던 식당에서 저녁 식사를 할 겁니다.

이런 특별한 날에는 우리가 처음 만난 날의 당신 모습을 떠올립니다. 한인입양인협회 창립 10주년 기념 파티에서였죠. 나는 협회 측으로부터 내 작품 「한국에서는 풀이 항상 더 푸르게 보인다The Grass Looks Always Greener in Korea」를 발표해달라는 요청을 받고 거기 참석했어요. 이 작품은 2005년 해외 입양을 주제로 한 전시회와 토론회를 위해 만들었던 것으로, 자연과 양육의 관계를 다뤘습니다. 당시 전시회를 열었던 이유는 입양이 아이들을 보호하지 못한다는 생각이 들었기 때문이에요. 이는 어린 시절부터 해온 생각인데요, 양부모가 나를 받아주고 아름다운 나라에서 자랄 수 있게 해준 것에 감사해야 한다고 사람들이 말하는 걸 접하면서 그런 생각이 들었죠. 어린 시절의 기억을 떠올려보면, 그곳이 집처럼 느껴지지 않았어요. 친부모와 한국, 그리고 소속감이 늘 그리웠습니다. 나는 내가 자란 곳이 낯설었습니다. 나와 닮은 사람은 아무도 없었고, 인생의 출발점이 내 주변 사람들과 너무 달랐기 때문이에요.

백인 특권층에 속했던 제 양부모님은 차별과 인종차별을 겪어본 적이 없고, 또 그걸 이해하지도 못했기 때문에 저를 도와줄 수 없었습니다. 함께 외출할 때면 사람들은 종종 우리에게 영어나 엉터리 중국어로 말을 걸었어요. 그들은 제가 자신들의 말(나의 모국어)을 할 줄 안다는 사실을 알았을 때 "와, 정말 말을 잘하는구나. 어디서 배웠니?"라고 칭찬했습니다. 혹은 욕설을 내뱉는 사람도 있었습니다. 이럴 때는 보통 무시했지만, 요즘은 내 입장

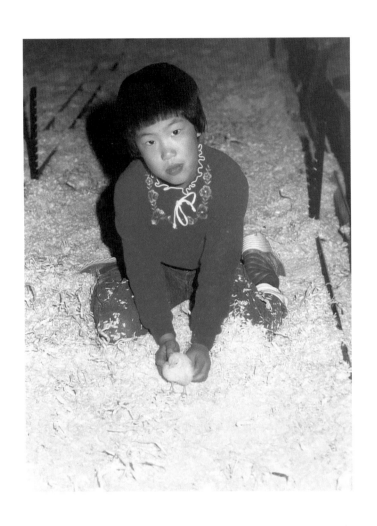

을 대변하려고 노력합니다. 나는 한국인의 뿌리를 잊지 않은 채 아이들을 키우고 있거든요. 김치뿐만 아니라 산낙지 같은 한국 음식을 좋아하고 아트박스에서 한국의 문구류나 다른 물건들을 사는 것도 좋아합니다.

하지만 우리가 아무리 열심히 애써도 언어와 문화적 장벽 때문에 결코 한국인이 될 수는 없을 것 같습니다. 나는 한국어를 배우려고 노력했고, 여러 차례 한국에서 몇 달 동안 살면서 전통에 대해서도 조금 배웠고, 한국 사회에 섞여들기 위해 노력했습니다.

친부모를 찾으려고 여러 번 수소문했지만 번번이 실패했습니다. 앞으로도 쉽지는 않을 것 같아요. 내가 어린 시절의 나에 대해 알고 있는 유일한 사실은 부산 암남동 소년의 집 길거리에 버려져 있다가 택시 기사에게 발견되었다는 것, 그리고 그분의 이름은 화○○이라는 것뿐입니다. 그분이 나를 발견한 후 부산 서부경찰서로 데려다주셨습니다. 경찰 기록에 따르면 당시 그 기사분은 스물네 살이었습니다. 1975년 9월 1일의 일이었어요. 1993년에 저는 화○○씨를 만났고, 한동안 우리는 편지를 주고받았는데, 그때 그분에게는 딸 둘과 아들이 있었던 것 같아요.

2000년에 당신은 친어머니와 상봉했고, 친어머니와 친아버지 쪽 가족도 모두 만났죠. 그들이 당신을 찾아왔어요. 당신은 친어머니를 처음 만난 날 일기에 이렇게 써놓았죠. "엄마와 헤어져서 산 26년을 함께한 26년으로 대체할 수 있을 만큼 나이가 들었으

44

면 좋겠어요. 그때쯤이면 저는 쉰여섯 살이고 어머니는 일흔아홉이 되실 거예요." 안타깝게도 당신은 그 바람을 이루지 못했습니다.

당신과 달리 나는 온갖 노력에도 불구하고 친부모를 찾지 못했습니다. 생물학적 가족을 찾았다고 해서 자동으로 답이 나오지는 않는다는 것을 알았기 때문에 때론 회의감이 들기도 합니다. 하지만 당신이 떠난 지금, 내 생물학적 가족에 대한 그리움이 다시 불타오르고 있습니다. 몇 년 동안 닫아두었던 챕터가 서서히 열리기 시작했어요.

뿌리가 없으면 성장할 수 없기 때문에 뿌리를 아는 것은 중요합니다. 나는 어디에서 왔고, 누구를 닮았으며, 어떤 성격을 물려받았는지, 가족사가 어떻기에 나를 포기했는지 등의 맥락이 나한테는 절실합니다. 내가 부모가 되어보니 더욱 그렇습니다.

당신을 알게 된 순간부터 내 안의 공허함은 사라졌죠. 당신과 함께 있으면 집처럼 편안했는데, 당신이 죽고 나니 다시 외로움이 밀려듭니다. 나는 내 자신을 일으켜 세우고 부서진 조각들을 다시 붙여야 했습니다. 물론 우리가 처음 만났을 때만 해도 이렇게 되리라고는 상상도 못 했습니다. 어쩌면 삶에서 너무 많은 상실을 겪어왔기에 더 이상의 상실은 없을 거라고 은근히 기대했는지도 모르겠습니다. 하지만 여전히 상실은 내 곁을 떠나지 않았습니다.

당신은 아주 어린 나이에 친아버지를 잃었고, 십대에 양아버지

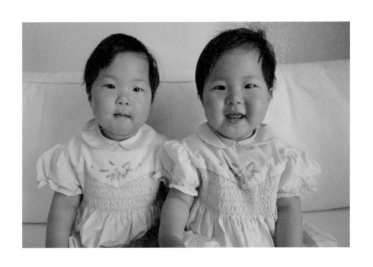

도 잃었지요. 당신의 큰고모가 당신 친어머니의 동의도 없이 당신과 동생을 고아원으로 데려가 입양시키기로 결정했기 때문에 당신의 친어머니는 남편과 두 아들을 모두 잃었습니다. 하긴 우리는 친부모뿐 아니라 우리가 태어난 나라, 우리가 아는 언어, 우리 음식과 문화를 모조리 잃어버린 사람들이지요. 최근 내 상실감의 뿌리가 어디에서 비롯됐는지 깨닫기 전까지는 내 상황을 의식적으로 슬퍼해본 적은 없는 것 같아요. 지금은 나도 엄마로서 우리 아이들에게 평온한 어린 시절을 선사하지 못했다는 죄책감을 느끼며 살고 있습니다. 나의 생물학적 가족에 대해서는 연민을 느낄 뿐 비난하거나 원한을 품진 않습니다.

나는 싱글맘입니다. 혼자서 아이들을 돌보는 일이 얼마나 힘든지 잘 알고 있습니다. 돈을 벌면서 양육까지 하는 것은 버거운 일이죠. 사실 거의 포기할 뻔한 순간도 있었어요. 더 이상 못 하겠다고 생각했던 거죠. 그때 내가 당신에게 우리 아이들을 끝까지 돌볼 거라고 약속했던 일을 떠올렸습니다. 약속을 어길 뻔했죠. 절망적이고 외로웠지만, 이런 감정을 이겨내기 위해 힘껏 노력했습니다.

나를 버티게 만든 한 가지는 한국 방문에 대한 기대였어요. 당신이 죽고 나서 내가 원한 건 그것뿐이었어요. 당신과 나, 그리고 한국은 항상 연결되어 있었고, 그곳은 우리 모두의 뿌리가 있는 나라니까요. 한국 땅에 서서 이 땅과 연결되고, 우리 아이들과 함께 한국에서 당신을 위한 고별식을 갖는 것은 너무나 당연한 일처럼 여겨졌습니다.

2020년 5월 항공권을 샀어요. 하지만 코로나19로 미뤄졌습니다. 마침내 2022년 여름, 한국의 입국 관련 조치가 완화되었다는 소식을 접했습니다. 즉시 비행기 표를 다시 예매했습니다. 한국에서의 모든 경험은 매우 영적이었습니다. 왠지 모르게 나는 모든 곳에서 당신의 존재를 느꼈습니다.

우리는 입양 서류에 거짓이 많다는 것을 알고 있었지만, 늘 이번만은 예외라고 생각해왔죠. 하지만 이제는 서류 조작이 대규모로 일어났었다는 사실을 알게 됐습니다. 대부분의 입양 서류는 거짓과 사기로 점철되어 있습니다. 이 때문에 입양인이 가족을 찾을 기회는 점점 더 줄어들고 있습니다. 나는 한때 친어머니와 생물학적 가족들을 만나 100세까지 함께 살 수 있을 거라고 기대했습니다. 하지만 시간이 갈수록 '내 이야기가 사실일까'라는 의문이 점점 짙어지고 있습니다. 입양은 결코 우리 스스로 선택한 것이 아닙니다. 어린 시절 아주 나쁜 상황으로 인해 국제 입양이라는 더 나쁜 상황으로 내몰린 것이죠.

길거리에서 발견되었을 때 나는 생후 8개월쯤으로 추정됐습니다. 내가 너무 어린 아이여서 사람들은 내 입양을 쉽게 결정했을 겁니다. 보통 아이와 부모 사이의 애착은 6개월에서 12개월 사이에 형성된다고 합니다. 하지만 이 기간에 여러 사람이 나를 번갈아가며 돌봤기에 나는 특정한 개인과 유대감을 형성할 수 없었습니다.

내게 가해진 모든 상황이 충격적이었지만, 특별한 사후 관리를 받지는 못했습니다. 1976년 11월 15일 양어머니가 국제입양국BIA에 보낸 편지를 보면, 나는 화를 잘 내고 정말 "버릇없는 아이"였어요. 양부모님은 버릇없는 나를 가혹하게 다뤘죠. 국제입양국은 입양 부모에게 문제가 생기면 후속 조치를 취하고 아이를 도와야 할 책임이 있었지만 그렇게 하지 않았습니다.

사랑하는 당신, 당신의 죽음으로 인해 나는 가장 친한 친구이자 연인 그리고 우리 아이들의 아버지를 잃었습니다. 입양을 둘러싼 온갖 뉴스를 접하면서 내가 의지할 수 있는 사람은 당신이었기 때문에 이 문제에 대해서도 당신과 의논하고 싶었습니다. 하지만 이제 더 이상 그럴 수 없으니 당신이 더 보고 싶어요.

그동안 내 슬픔을 치유하는 과정에서 사망한 배우자에게 편지를 쓰라는 처방을 받은 적이 있습니다. 나는 그렇게 할 수 없었어요. 너무 고통스러웠거든요. 하지만 오늘 당신의 생일을 맞아 이편지를 씁니다. 편지를 쓰면서, 한국 사회가 25만여 명의 한국인 입양인과 그 생물학적 가족이 진실을 찾을 수 있도록 기회를 주기를 바랐습니다. 이제는 당신은 없지만, 그래도 미래를 기대하겠습니다.

당신을 사랑하는
서준희 드림

- **이름** Erika Blikman(한국 이름: 서준희Suh Joon Hee)

- **생년월일** 1974년(추정)

- **국적** 네덜란드

- **입양 시 나이** 13개월대

- **한국 입양 기관** 한국사회복지사회

- **입양 동의서 포함 여부** 입양 동의서나 경찰 신고서가 입양 서류에 포함되지 않았다.

- **글쓴이** 아홉 살짜리 딸 둘을 두었다. 영화사에서 일하며, 로테르담의 아시아 여성 네트워크를 설립했다. 취미는 달리기, 요가, 미술관 관람, 여행이고 순이라는 고양이 한 마리를 키운다. 가장 좋아하는 한국 음식은 불고기와 라면이다.

여섯 번째.

유괴되어 입양됐다가 35년 만에
친가족을 만나다

_미아 리 쇠렌센

한국사회봉사회KSS의 입양 서류에 따르면 저는 1987년 6월 28일 광주에서 태어났습니다. 태어날 때 32주차의 조산아였죠. 가난했던 친부모님은 자발적으로 제 입양에 동의했습니다. 가정 형편이 어렵고, 제가 셋째 딸이라는 이유에서였습니다.

저는 덴마크로 보내지기 전 6개월 보름 동안 한국에서 살았습니다. 그리고 제 삶의 다음 장은 코펜하겐 공항에 도착한 작은 소포를 덴마크 부모님이 집어드는 순간부터 시작되었습니다. 부모님은 한국의 입양 절차가 공정하고 정의롭다는 평판을 믿고 저를 입양하기로 결정하셨다고 합니다.

정말 그랬을까요? 이제는 우리 모두 입양 절차의 실체를 알고 있죠.

2021년 1월, 저는 DNA 데이터베이스에 등록했습니다. 15년 동안 친가족을 찾아 헤매다가 마지막으로 DNA 검사를 해보기로 결심했습니다. 그 전에 입양 기관을 통해 계속 가족 찾기를 신청했지만 성과는 없었습니다. 그들의 설명은 항상 같았죠. 제 파일에 있는 정보가 가짜라는 것이었습니다. 경찰과 지자체를 통해 수소문해봐도 얻은 것은 없었습니다. 그들에 따르면 가족 찾기를 포기하고 수색을 종료하는 것 외에 할 수 있는 일은 없었습니다.

그러던 2022년의 어느 날, DNA 등록부에서 지금껏 가장 높은 일치율을 가진 사람을 찾았습니다. 2.98퍼센트의 일치율로, 미국에 사는 제게는 육촌 관계인 여성이었습니다. 제 삶에서 가장 가까운 생물학적 친척을 찾은 거죠.

그녀와 그분 어머니의 도움으로 친가족 찾기의 여정이 시작되었습니다. 그들은 이모와 사촌 등 친척들을 수소문하며 제 한국인 가족 찾기 조사를 진행했습니다. 그리고 2022년 여름, 드디어 한국에 살고 있는 제 입양 서류에 적힌 이름과 같은 이름의 부부를 찾아냈습니다. 너무 설레어 당장 한국으로 달려가고 싶었습니다. 하지만 아직 한국에 사는 부부에게 확인하는 절차가 남아 있었습니다.

그렇게 기다리고 또 기다렸습니다. 마침내 가을에 육촌에게서 메시지가 왔습니다. 한국에 있는 제 친부모를 찾았다는 내용이었죠. 그 후 며칠 만에 친어머니와 두 언니, 그리고 남동생과 연락을 취했습니다. 저도 충격을 받았지만, 가족들은 더 큰 충격을 받은 듯했어요. 그들은 오랜 세월 동안 저를 찾지 않았고, 어쩌면 찾을 생각조차 없었을 것입니다. 마치 유령이 살아서 돌아온 것 같았겠지요. 그리고 저는 조금씩 제 인생에 대한 다른 이야기, 진 짜 이야기가 있다는 것을, 그리고 그것이 실제로 어떻게 시작되 었는지를 알게 되었습니다. 제가 새롭게 알게 된 내용은 이렇습 니다.

제가 태어나던 날, 어머니는 저를 낳기 위해 가까운 병원을 찾 아갔습니다. 겨우 25주차, 그러니까 임신 6개월째로 접어들던 때 였습니다. 어머니는 출산과 동시에 정신을 잃으셨고, 깨어났을 때 는 제가 사산되어 의사들이 데려갔다는 말을 들었습니다. 그때 어머니는 의심하지 않았다고 합니다. 유산은 충분히 가능한 일 이었기 때문입니다. 당시 아버지는 출타 중이었기에 어머니와 함 께 병원에 가지도, 자발적으로 입양을 허락하지도 않으셨다고 합 니다.

이튿날 외할머니와 이모가 제 시신을 수습하러 병원에 오셨 고, 덕분에 저에게 적어도 괜찮은 장례를 치러주었다고 합니다. 전날 어머니에게 집에 가도 된다고 말했던 의사들은 병원에서 쫓 겨났다는 말도 들었다고 합니다.

그로부터 수십 년이 지났고, 친가족과 상봉한 뒤에 우리는 입 양 기관과 고아원, 탐욕스러운 의사 등이 꾸민 끝없는 거짓말의 흐름을 발견한 것입니다. 이 잔인한 행동에 대한 책임은 누구에 게 있을까요?

제 출생 기록은 남아 있지 않습니다. 아니 존재하지 않는 것이

겠죠. 제가 태어난 날을 기억하는 사람은 아무도 없습니다. 친어머니는 날씨가 춥지도 덥지도 않은 봄이었다는 것만 기억하십니다. 제 생각에는 아마 4월 말이나 5월 초일 것 같습니다. 제 입양 서류에 적힌 6월 28일로부터 두어 달 전에 제가 태어났다는 의미이기도 합니다.

이렇게 미숙아로 태어난 제가 살아남은 것은 기적과도 같은 일입니다. 제가 조산아였다는 사실을 의심한 적은 없지만 설마 25주차에 태어났을 거라고는 생각하지 않았어요. 저는 몸에 큰 흉터가 있고, 오른쪽 눈이 실명된 상태이며, 복잡한 외상후 스트레스장애PTSD를 앓고 있습니다. 이것이 조산으로 인한 후유증이라는 점은 더 분명해졌습니다.

입양 서류에는 의료 기록과 함께 제 배경에 대해 매우 상세한 설명이 포함되어 있습니다. 그 정보 가운데 친부모의 이름과 제가 태어난 도시, 두 명의 언니가 있다는 것 정도를 빼면 그 무엇도 사실이 아닙니다. 서류에는 제가 실제로 태어난 병원이 아닌 다른 병원의 이름이 적혀 있었습니다. 또한 제가 태어난 직후 고아원에 왔다고 기록되어 있었습니다.

이에 대해 입양 기관에서는 새로운 해명을 내놨는데, 이런 내용입니다. 제가 태어난 날 저는 보육원으로 인계된 후 서울에 있는 입양 기관으로, 곧이어 더 큰 병원으로 옮겨졌다고요. 모두 태어난 바로 그날 말이죠. 저는 이 일이 불가능하다고 생각했습니다. 25주가 아닌 32주차에 태어났더라도 태어나자마자 350킬로

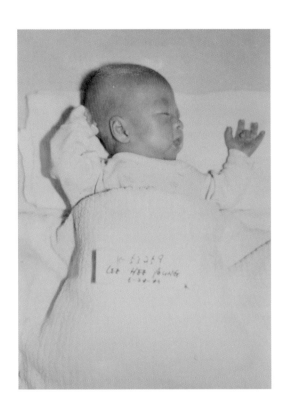

미터를 이동할 수는 없는 일이며, 즉각적인 병원 치료가 필요했다고 생각합니다.

입양 기관들은 변명이 너무 많고, 무엇보다 아무런 죄책감을 갖질 않습니다. 그들은 당시 상황이 서류 절차 없이 구두로 진행되었으며, 제 친부모가 잘못된 정보를 제공한 것 같다고 주장합니다. 의사가 개입했을 수도 있겠죠. 그들은 어떻게 일이 그렇게 됐는지 정말 모르겠다고 말했습니다. 최근에 친가족과 재회해서 입양 서류에 있는 것과는 다른 진실을 알게 됐다고 밝힌 후에도 말이죠.

친가족은 제가 태어났을 당시 넉넉한 형편이어서 저를 충분히 치료하고 키울 만했다고 말했습니다. 아버지는 서울에 있는 대학을 졸업한 고학력자였으며, 당시에 가족의 생계를 책임지고 있었어요. 아버지는 매우 열심히 일하던 분이었는데 저를 사산으로 잃은 뒤 낙심하여 힘든 나날을 보내셨다고 합니다.

혹시 어머니의 미숙아 출산이 이 모든 일의 원인을 제공했던 것일까요? 어쩌면 저는 입양 업계에서 주목하는 상태의 아이였을 수도 있고, 태어나서 다행히 살아남기만 한다면 입양을 보낼 준비가 되어 있던 것일 수도 있겠죠. 글쎄요, 의사들이 그런 위험을 기꺼이 감수하려고 했는지는 모르겠지만요. 그런데 누가 무고한 아기의 생명을 두고 그런 비인간적인 결정을 내렸을까요? 사산되었다는 거짓말로 가족들로부터 저를 훔쳐내 입양을 위해 팔아넘긴 사람은 누구일까요? 저와 같은 상황에 처한 사람은 얼마나 많을까요? 누가 이런 끔찍한 행동을 정당화할 수 있을까요?

답을 듣지 못한 질문이 너무 많고, 아무도 책임지지 않을 것 같아서 화가 나고 슬픕니다. 저는 그저 진실과 정의를 원할 뿐입니다.

- **이름** Mia Lee Sørensen(한국 이름: 이정은Lee Jung Eun)

- **생년월일** 1987년 6월 28일로 추정

- **국적** 덴마크

- **입양 시 나이** 6~9개월대

- **한국 입양 기관** 한국사회봉사회

- **입양 동의서 포함 여부** 입양 동의서나 경찰 신고서가 입양 서류에 포함되지 않았다.

- **글쓴이** 요리사 교육을 받았고 두 아들의 엄마다. 입양인이라는 삶의 조건과 트라우마를 안고 살아간다. 2022년 가을 한국의 가족을 찾았고 이해 12월에 재회했다. 입양 사실은 서류에 기재된 내용과 크게 다르다는 것이 밝혀졌다. 그녀는 미숙아로 태어났고 죽은 채 부모 곁에 누워 있었다면서 유괴되어 부모의 동의도 없이 팔렸다. 35년 만에 마침내 원가족을 찾았다.

일곱 번째.

제 아내는 열세 살에
입양됐습니다

_신광복

노르웨이로 입양된 잉에르-토네 우엘란 신INGER-TONE UELAND
SHIN(신광복과 결혼한 뒤 성을 SHIN으로 바꿈)의 남편 신광복이
라고 합니다. 아내의 한국 이름은 김정아金貞娥였습니다. 우리는
2019년 브뤼네에서 결혼식을 올린 뒤 지금까지 노르웨이에서 살
고 있습니다. 아내는 1964년생이고요. 1966년에 경기도 안양 소
재 '안양의집'이라는 보육원에 입소해 1978년 3월까지 지내다가
노르웨이로 입양됐습니다.

아내의 양아버지와 양어머니는 아내를 입양했을 당시 각각
55세, 54세였습니다. 아내와 나이 차가 무려 41세나 납니다. 노
르웨이 정부에서 내놓은 가이드라인에 따르면, 입양 부모와 입양
아의 나이 차는 40세를 초과하면 안 됩니다. 그래서 이들 양부모
의 입양 신청은 두 차례나 거부당했습니다. 그럼에도 마침내 아

내를 입양하여 키울 수 있었다는 사실이 납득되지 않습니다.

아내는 경기도 안양의 삼성초등학교를 졸업하고 근명여자중학교(나중에 근명중고등학교로 변경)를 일주일 정도 다녔다고 합니다. 2023년 5월, 한국에 다녀오면서 삼성초등학교에서 생활기록부와 졸업증명서를, 근명여자중학교에서는 정원외관리 증명서를 떼어왔습니다. 중학교까지 다니다가 입양된 사례는 얼마나 있을까요?

만 13세에 노르웨이로 입양된 아내에게는 지옥과도 같은 삶이 펼쳐졌습니다. 아내의 양부모는 자식을 사랑하는 마음과 인정을 전혀 갖추지 못한 사람들이었습니다. 그분들은 아내의 양육과 교육에 별 관심이 없었습니다. 아내는 양아버지로부터 성폭행과 폭행을 당하기도 했습니다. 이 사실을 알게 된 양어머니는 자기 남편의 범죄 행위에 제동을 걸기는커녕 양딸을 미워하기 시작했습니다. 양딸에게 집안의 허드렛일을 시켰고, 하나의 인격체로 존중하는 일은 없었습니다. 아내는 학교에서 노르웨이어로 진행되는 수업을 거의 이해하지 못해 수업 시간에 잠을 자곤 했다고 합니다.

이 부부는 왜 아내를 입양했을까요? 아시아에서 소녀를 데려와 집안일을 시키려던 의도였을까요? 물론 이건 제 개인적인 생각입니다. 양부모가 외출하는 날이면 학교에서 돌아온 아내는 열쇠가 없어 밤늦게 그분들이 귀가할 때까지 문밖에서 하염없이 기다렸다고 합니다. 이것만 봐도 가족으로 받아들여지지 않았다

는 사실을 알 수 있지요.

한번은 아내가 기관에 찾아가 입양 부모를 바꿔달라고 요청했다고 합니다(아내는 당시 어린 나이였고, 찾아간 기관이 노르웨이 경찰서였는지, 그 지역의 시청이었는지, 아니면 한국대사관이었는지는 정확하게 기억하지 못합니다). 하지만 아무 조치도 취해지지 않았습니다. 어쨌든 아내는 한국 정부, 홀트아동복지회, 노르웨이 정부, 노르웨이의 입양 기관, 노르웨이 시청 등 어떠한 공적 기관으로부터도 관리 감독이나 보살핌을 받지 못했습니다. 물론 주변을 살펴보면, 아내와 달리 노르웨이로 입양되어서 좋은 양부모를 만나 잘 살고 있는 입양인들도 있습니다만, 아내는 그런 삶을 누리지 못했습니다.

저는 아내와 함께 아내에게는 고향이나 마찬가지인 안양의집 보육원을 세 차례 방문했습니다. 부모님 밑에서 누이와 형과 함께 자란 저로서는 보육원 방문이 처음이었습니다. 아내는 안양의집에 대한 좋은 기억을 간직하고 있습니다. 하지만 보육원 관계자들이 열세 살의 나이에 입양을 떠나는 아내에게 본인 의사를 진지하게 물어본 것 같지는 않습니다. 외국에서 누군가가 입양을 원한다니까, 노르웨이에 가서 잘 살라는 마음으로 떠나보낸 듯합니다.

보육원을 통해서 어린 시절 아내와 함께 지냈던 한 언니를 만났고, 지금도 우리 셋은 단톡방에서 대화하며 잘 지내고 있습니다.

입양인들은 우리와 아무 상관이 없는 이들이 아닙니다. 그들은 우리 모두의 이웃입니다. 아내를 만나서 결혼한 뒤 저 또한 입양인의 가족이 되었습니다. 아내가 과거에 자신에게 벌어졌던 일의 진상을 알게 되고, 입양인의 권리를 보호받을 날이 오기를 바랍니다.

- **이름** 신광복

- **생년월일** 1971년

- **국적** 대한민국

- **글쓴이** 입양인 잉에르-토네와 결혼했고, 제빵사로 일하고 있다.

여덟 번째.

저는 아시아 최고의 여성 먹기 대회 챔피언입니다

_메리 바워스

"참을 수 없을 만큼 고통스러운 일이 있는데 도와줄 수 있어?"

역사적인 대회가 열리기 며칠 전 저는 친구 레일라니에게 부탁했습니다. 우리는 흔히 친구를 서로 위로해주고, 고통을 함께하며, 안식처를 제공해주는 존재로 여기죠. 제게는 레일라니가 그런 존재였습니다. 그녀는 망설임 없이 "뭘 도와줄까?"라고 물었습니다.

저는 2023년 7월 4일 뉴욕에서 열린 네이선스 국제 핫도그 먹기 대회에 최초로 한국 대표로서 출전했습니다. 그날 대회에서 10분 만에 닭날개 80개, 8분 만에 파이 2.25킬로그램, 6분 만에 아이스크림 6.3킬로그램을 먹었습니다. 그 많은 음식을 채워넣은 제 몸은 이미 고통에 익숙해 있었죠. 하지만 세로 22센티미터, 가로 30센티미터짜리 깃발의 무게는 제가 혼자서 감당할 수 없을

정도로 저를 압도하고 있었습니다.

태극기는 제가 미국에 처음 도착했을 때부터 저와 고국과의 연결 고리이자, 제가 떠나온 나라와 문화를 생각나게 하는 상징물이었습니다. 그것은 또한 제가 갓난아기로 미국에 도착했을 때 제가 지녔던 유일한 물건이었기 때문에 저한테는 잔인함과 방치를 상징하기도 했습니다.

한국의 입양 기관은 가족과 국가, 정체성을 모두 잃은 채 장기간 여행을 떠나는 영유아들에게 음식과 기저귀, 옷, 장난감 등 생필품을 지원하지 않았습니다. 비현실적이고 무정한 조치였죠. 수십 년이 지난 지금까지도 제 몸은 그때의 불안감을 여전히 새기고 있습니다.

인간이 한 나라에 속한다는 것은 어떤 의미일까요? 어린 시절 입양 가족은 저에게 미국 시민이 될 기회를 보장해주었습니다. 하지만 제가 정말 미국 시민으로서 소속감을 갖고 살아왔을까요? 유치원에 다닐 때 저를 닮은 인형은 하나도 없었어요. 동화책에서 동양인 인물을 처음 접한 게 여덟 살 때였어요. TV 시리즈에서 아시아인 여성 캐릭터를 처음 본 것은 열다섯 살 때였습니다. 생물학적으로, 혹은 인종적으로 닮은 사람이 한 명도 없는 사회에서 어떻게 소속감을 갖고 살 수 있을까요?

백인 미국인 부모님은 제게 적절한 대답을 할 준비가 되어 있지 않았습니다. 그래서 저는 스스로 답을 찾기 시작했습니다. 저 자신이 소속감을 증명해 보이고 싶었습니다. 만약 충분히 뛰어난

사람이 된다면, 저의 첫 가족이 저를 찾는 데 도움이 될 수도 있 겠죠. 또는 제가 최고가 된다면, 그때는 마침내 진정한 미국인이 될 수도 있을 거고요. 그때는 제 새로운 가족과 새로운 조국도 저 를 보호하지 않을 수 없을 것입니다. 다시는 비인간적인 대우를 받거나 버려지는 일도 없겠죠.

7월 4일 빨간색, 흰색, 파란색 옷을 입은 4만 명의 팬 앞에서 그들이 더 많이 먹으라며 고함치는 응원을 들으면서 최대한 빨 리, 가능한 한 많이 핫도그를 먹는 것보다 더 미국적인 일은 없었 습니다. 이 행사에 참가한 덕분에 저는 미국, 캐나다, 독일, 영국 을 포함한 전 세계를 여행할 수 있었습니다. 그리고 마침내 잃어 버린 땅인 한국에까지 오게 되었습니다.

한국 국적을 되찾기로 결심하기까지는 모순된 감정들이 서로 엇갈렸습니다. 한편으로는 제 유산을 받아들이고, 제 동의 없이 빼앗겼던 것을 되찾는 기회이기도 했습니다. 다른 한편 저를 실 패자로 만든 해외 입양 시스템에 대한 고통스러운 기억을 다시 떠올려야 했습니다.

대회를 앞둔 역사적인 순간에 레일라니에게 태극기를 부탁하 면서 저는 더 이상 혼자가 아니라는 사실에 안도할 수 있었습니 다. 항상 최고가 되기 위해 노력할 필요는 없습니다. 그저 친절과 동정심만 베풀어줘도 충분히 소속감을 가질 수 있습니다. 레일 라니와 같은, 인류의 선함을 제게 되돌려주는 친구들이 있어서 저 자신에게도 그 선함이 스며드는 것을 느낄 수 있습니다.

정체성은 복잡하지만 동시에 단순합니다. 인간은 출신이나 소유물에 의해서만 정의되는 것이 아니라 회복력, 힘, 그리고 꿈에 의해서 정의됩니다. 우리의 가치는 국가나 국적을 초월합니다. 저는 미국인입니다. 동시에 저는 한국인입니다. 저는 아시아 최고의 여성 먹기 대회 챔피언입니다. 그리고 저는 이 세계의 일원입니다. 이제 세상이 제 삶이 어떻게 시작됐는지에 대한 진실을 알아야 할 때입니다.

- **이름** Mary Bowers

- **생년월일** 1981년 혹은 1982년

- **국적** 미국 / 대한민국

- **입양 시 나이** 5개월대

- **한국 입양 기관** 동방사회복지회

- **입양 동의서 포함 여부** 입양 동의서나 경찰 신고서가 입양 서류에 포함되지 않았다.

- **글쓴이** 아시아 최고 수준의 여성 먹기 대회 선수이자, 권위 있는 네이선스 국제 핫도그 먹기 대회에 한국 대표로 출전한 최초의 선수. 넷플렉스의 「오징어 게임」 등 수많은 프로그램의 화면을 장식했다. 건축학을 전공했고, 인권운동가로 활동하고 있다.

아홉 번째.

우리는 두 번이나 만났는데, 왜 엄마는 더 이상 연락을 받지 않는 걸까요

_레나테 판 헤일

사랑하는 어머니께,

당신의 딸로서 이 편지를 쓰고 싶어요. 아직도 어머니께 드릴 말씀이 많아요. 제게는 어머니를 만날 기회가 두 번이나 있었지요. 제 남편과 아이들도 보셨잖아요. 그때가 제 인생에서 가장 특별한 순간들이었어요. 어떤 이유에서인지 그 후로 우리는 더 이상 서로 연락하지 않고 있죠. 왜 그렇게 됐는지 알 수 없어요. 어머니는 더 이상 제 메시지에 답하지 않습니다. 몇 달 전에는 한국에 갔는데, 어머니와 연락이 닿지 않았어요. 제 여동생도, 오빠도 아무 말이 없어요. 이런 일이 재회한 입양인들에게 심심찮게 일어난다고 들었습니다. 이를 '이차 거부'라고 부른다네요. 가슴이 아프고, 몸도 아프고, 거의 고통 속에서 죽어버릴 것만 같아요.

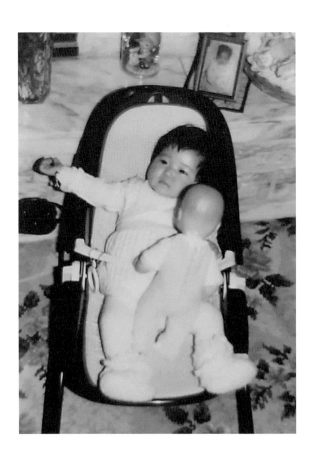

어렸을 때는 어머니에 대해 그렇게 많이 생각하지 않았어요. 입양 부모님을 진짜 부모로 여겼거든요. 입양인으로서 살아남기 위해 선택의 여지가 없었어요. 제발 용서해주세요, 엄마! 당신이 제 인생에서 얼마나 중요한 존재인지 몰랐어요.

첫아이를 임신했을 때 비로소 어머니에 대해, 그리고 저 자신에 대해 궁금해지기 시작했어요. 내가 누군가의 배 속에 있었던 적이 있을까? 나는 벨기에행 비행기에서 태어난 게 아닐까? 아기를 지킬 수 있을지 불확실한 상황에서 임신했던 엄마의 심정은 어땠을까? 제 아기는 28년 만에 처음으로 저와 피를 나눈 사람이었어요. 주변 사람들이 아기와 제가 닮았다고 했을 때는 정말 감동받았어요.

제 서류에 적힌 사연과 정보는 모두 거짓이었어요. 저와 같은 입양인들은 거의 모두가 잘못된 배경 이야기와 위조된 신분 속에서 자라나죠. 제가 아는 수백 명의 입양인 가운데 서류에 적힌 정보가 정확했던 사람은 단 한 명도 없었어요. 제 친구 한 명은 다른 아기와 바뀌어서 입양된 것으로 드러나 친엄마를 찾는 일이 아예 불가능해졌어요. 그 친구는 거의 평생 동안 엄마를 찾아 헤맸거든요. 그녀는 지금 몹시 좌절해서 거의 혼이 빠진 사람 같아요.

경찰로부터 어머니를 찾았다는 연락을 받았을 때 저는 압도될 것 같았어요. 그 일이 제 삶에 얼마나 큰 영향을 미칠지 전혀 예상할 수 없었어요. 그 때문에 처음에 제가 어머니와 여동생의 이

메일에 꼬박 답장을 보내지 못한 것은 진심으로 사과드려요. 저는 상처받을까봐 무서웠어요. 입양 부모님께 죄책감도 들었고요. 그분들은 오랫동안 저를 잘 대해주셨거든요. 그래서 그분들이 돌아가신 후에야 저는 제 삶을 제가 느끼는 대로 살 수 있었어요. 사실 저는 항상 그분들을 기쁘게 해드리려 했는데, 아마 제가 거부당할까봐 두려워서 그랬던 것 같아요.

어머니가 너무 보고 싶어서, 팬데믹 때 처음으로 찾아뵈었죠. 공항에서 내린 후 2주간의 격리 기간은 어머니를 본다는 설렘으로 꿈같이 지나갔어요. 어머니를 만나겠다는 선택이 여태껏 제게는 가장 큰 모험이었는데, 모든 입양인처럼 저도 친어머니와 함께할 수 있기를 바랐어요. 그리고 14일 동안 우리는 같이 지냈어요. 저는 당신의 어린아이였고, 당신은 저를 먹이고, 돌보고, 걱정해주셨죠. 저는 그 모든 순간을 만끽했고, 매 순간 당신과 함께했어요.

저는 어머니와 닮았어요. 여동생을 보면서도 마치 저 자신을 보는 듯했어요. 손과 귀 모두 똑같았죠. 우리 자매는 서로 말이 통하진 않았지만 함께 있는 것만으로도 기뻐서 크게 소리 내어 웃곤 했어요.

다시는 어머니를 만나거나 어머니 음성을 듣지 못하더라도, 저는 그 순간들을 죽는 날까지 소중히 간직할 거예요.

앞으로는 대한민국 정부와 사회가 도움이 필요한 임산부를 지원해 아이와 엄마가 함께 살 수 있게 되기를 바랍니다. 아이들을 다른 대륙으로 보내는 대신 말이죠.

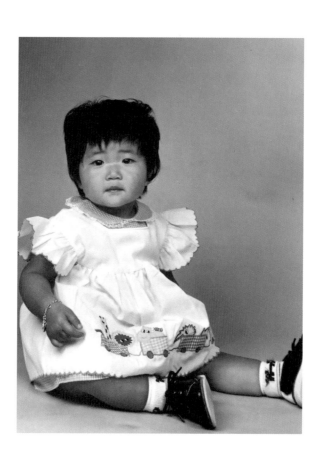

어머니는 어쩔 수 없이 그런 선택을 하셨을 거라 믿어요. 아무 것도 모른 채 아이를 입양 보내야 했던 엄마로서 얼마나 힘들었을까요? 저는 그저 그 상황을 이해하려고 노력할 뿐이에요. 당신과 제 인생이 달랐더라면 좋았겠지요. 아버지와 형제자매들을 위해서나 제 아이들을 위해서도 말이죠. 우리 중 누구도 다시 온전한 삶으로 돌아갈 수는 없지만, 우리 안에 늘 머무는 이 상실감은 다독여야 한다고 생각해요.

제가 어머니를 찾은 지도 10년이 지났네요. 아마 저는 평생 어머니를 찾을 겁니다. 잃어버린 것은 결코 되찾을 수 없기에, 우리는 평생 동안 이 상실감을 안고 살 수밖에 없을 거예요. 사랑해요, 어머니! 우리가 다시 만날 때까지 영원히 그리워할 겁니다.

- **이름** Renate Van Geel
- **생년월일** 1984년
- **국적** 벨기에
- **입양 시 나이** 4개월대
- **한국 입양 기관** 대한사회복지회
- **입양 동의서 포함 여부** 입양 동의서나 경찰 신고서가 입양 서류에 포함되지 않았다.
- **글쓴이** 두 자녀를 두었다. 심리상담가로 해외 입양인들이 어려움을 헤쳐나갈 수 있도록 조언하고 있다.

열 번째.

"이 여자 아기는
많이 웁니다"

_리브 마리 멜비*

"이 여자 아기는 많이 웁니다."

제 입양 서류철에 있는 몇 안 되는 문서와 희미한 정보 속에서 이 짧은 문장을 찾아냈을 때, 제 가슴은 심하게 요동쳤습니다.

저는 줄곧 제 이야기가 1980년 3월 18일 화요일에 시작되었다고 들었습니다. 저는 생후 3개월경 서울의 한 길거리에서 홀로 발견되었다고 합니다. 수류탄 폭발로 심하게 다쳐 봉합 수술을 받았고, 그때 생긴 흉터는 지금도 왼쪽 엉덩이에 남아 있죠. 당시 저를 발견하신 분이 인천의 한 고아원으로 데려가셨고, 노르웨이로 입양되기 전까지 저는 거기서 지냈다고 합니다.

그런데 잠깐만요, 제가 홀로 길에서 발견되었다고요? 1980년

---

* 이 글은 개인 의견임을 밝혀둔다.

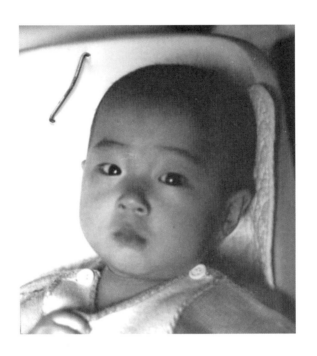

78

대 초반에 길 한복판에서 수류탄 공격을 받은 아기를 발견하고, 다친 아기를 서울도 아닌 먼 인천의 고아원으로 데려갔다고요? 저는 그 이야기를 들으면 들을수록 의구심을 떨칠 수 없었기에, 제가 들었던 내용을 제대로 이해하고자 입양 서류를 살펴봤습니다.

서류에서 제가 들었던 이야기와 일치하는 내용은 날짜뿐이었습니다. 서류에 의하면 1980년 3월 18일 저는 인천시 북구청에서 인천 소재의 한 고아원으로 보내졌습니다. 그날 이전의 기록은 없었고, 그날 이후로도 4개월간 아무런 기록이 없습니다. 수류탄 폭발에 관한 것이나 제 몸에 있는 흉터를 치료했다는 내용도 없습니다.

제 첫 기록이 만들어진 지 4개월 후 저는 입양 기관에 등록되었습니다. 기관으로부터 전달받은 문서에는 일반적인 설명만 간략히 적혀 있었고, 두 장의 흑백 사진이 첨부되어 있었습니다. 사진 속에는 눈을 동그랗게 뜬 채 손가락을 입에 넣으려는 아기의 모습이 있었습니다. 몇 달 뒤면 영원히 한국을 떠날 운명이었던 어린 시절의 제 모습입니다.

제 이야기를 이해하기 위해서는 엄청난 가정이 필요합니다. 가장 괴로운 점은 제 삶을 결정지었던 것에 관한 믿을 만하고 객관적인 문서나 판단의 근거를 찾을 수 없다는 사실입니다.

해외 입양은 가족의 삶을 송두리째 무너뜨립니다. 대부분의 경우 문화와 종교, 언어가 완전히 뒤바뀌죠. 익숙한 모든 것과의 관계를 끊는 결정이 제가 목소리를 낼 수도, 의사를 표현할 수도 없었던 시기에 내려졌습니다. 그런 결정은 신뢰할 만한 절차를 통해, 철저하게 문서화된 사실에 근거해서 이루어져야 하는데도 말이죠.

저는 누가, 언제, 어디에서 저를 발견했는지 전혀 모릅니다. 제 가족이 어떤 사람들이었는지, 제 가족을 찾으려는 노력은 있었는지, 혹은 저를 돕던 사람은 있었는지에 대해서도 전혀 모릅니다. 저는 생후 첫 몇 주 사이에 커다란 상처를 입었던 것 같지만 어떤 사고였는지, 그리고 무슨 치료를 받았는지에 대해 아무런 정보가 없습니다. 해외 입양이 저에게 최선이었고 또 적합한 선택이었는지도 도무지 모르겠습니다. 사실 저는 어느 날 갑자기 마법처럼 해외로 보내질 환경에 놓인 것 같습니다.

제가 버려진 아이로 분류되어 한 인간으로서 가치를 인정받지 못한 채 해외 입양되었다는 사실에 저는 여전히 슬픔을 느낍니다. 모든 인간은 나이와 인종, 사회적 지위와 무관하게 인권을 지니고 있습니다. 하지만 권리가 있다고 해도 이를 실현할 시스템이 갖춰져 있지 않다면 아무 소용이 없습니다. 아기와 어린이는 자신의 필요와 권리를 충족시키려면 타인에게 전적으로 의존해야 하므로 이 문제에 있어 특히 취약합니다. 따라서 아동과 함께 일하거나 아동을 위해 일하는 모든 사람은 아동의 인권을 인식하는 것뿐만 아니라, 이러한 권리에 무엇이 수반되는지 이해하고 일상 업무에서 이를 적용하는 방법까지 알고 있어야 합니다.

자신의 정체성을 알고, 가족에 소속되는 것만이 인권은 아닙니다. 이런 것은 우리 자신을 이해하고 가치 있는 삶을 영위하는 데 중요한 하나의 구성 요소일 뿐이죠. "이 여자 아기는 많이 웁니다." 어린 시절의 저를 표현한 이 짧은 문장이 저를 울렸습니다. 이 문장이 저를 이루고 있는 본질의 일부인 익숙한 무언가를 드러내고 있었습니다. 제 안에 있는 인간적인 무언가를 말입니다. 의미 없는 문장과 단어가 나열되어 있는 입양 문서 속에서 이 문장은 저에게 어떤 연결 고리를 제공해주었습니다. 한국에서 노르웨이로 이어지는 하나의 연결 고리를 말입니다.

이 짧은 문장 속의 모습이 어린 시절 저의 전부입니다. 제가 제 이야기를 조금이라도 더 진전시켜볼 또 다른 단서를 갖고 계신 분이 세상 어딘가에 있지 않을까요? 아무것도 아닌 듯 보이는 정보라 하더라도 가진 게 아무것도 없는 사람에게는 아주 큰 의미를 지닐 수 있습니다.

저는 한국이 입양의 역사를 용기 있게 직시하고, 입양인이 자신의 역사를 진실하게 바라볼 기회가 주어지기를 바랍니다.

- **이름** Liv Marie Melby(한국 이름: 한여영Yuh Yung HAN)

- **생년월일** 1979년

- **국적** 노르웨이

- **입양 시 나이** 13개월대

- **한국 입양 기관** 홀트

- **입양 동의서 포함 여부** 입양 동의서나 경찰 신고서가 입양 서류에 포함되지 않았다.

- **글쓴이** 아동 권리 및 인권 변호사로서 아동 보호 시스템을 개선하기 위해 노력하고 있다.

열한 번째.

외조부모가 딸의 동의 없이
해외로 두 손자를 입양시키다

_황미정

2003년 여름에 남편을 처음 만났습니다. 제 남편은 덴마크 입양인입니다.

그해 여름 한국에서 세계 한인 입양인 대회가 열렸습니다. 덴마크에 계신 지인 한 분이 세계 입양인 대회에 참여하기 위해 서울에 오셨고, 저는 잠시 안부 인사를 드리려고 모임 장소에 갔죠. 가보니 덴마크에서 제 지인과 함께 온 쌍둥이 입양인 형제가 한국의 친어머니를 만나는 자리였습니다. 쌍둥이 형제 가운데 형이 지금 제 남편입니다.

당시 제 남편이 될 사람과 남편의 친어머니는 서로 손을 꼭 잡은 채 마주 보고 있었습니다. 저는 친어머니의 눈을 봤습니다. 그동안 어떻게 지냈는지, 결혼은 했는지, 덴마크에서의 생활은 어떤지 묻고 싶은 것으로 꽉 찬 눈망울이 물방울을 그렁그렁 매단 채 떨고 있었습니다. 하지만 오랜만에 만난 어머니와 아들은 아무 말도 나눌 수 없었습니다. 떨어져 지낸 세월만큼 둘의 언어는 달라져 있어서 서로 눈으로만 안부를 묻고 답할 수 있었습니다. 그렇게 한참 동안 그들은 서로의 손등을 보듬고 쓰다듬으면서 눈을 맞추고 있었죠. 오랜 세월 쌓아둔 이야기가 참 많구나, 제 눈에는 그렇게 보였습니다.

그날 이후 저와 제 남편은 장거리 연애를 시작했습니다. 그리고 종종 한국에 계신 남편의 친어머니를 만나 남편과 통화하도록 연결해드렸습니다. 그때마다 서로 안부를 묻고, 그리워하고, 가슴 아파하는 모습이 참으로 아렸습니다.

"거기 부모님들께 효도해라. 나는 네 어미도 아니다. 너희를 그렇게 나도 모르게 떠내보내고 얼마나 찾아 헤맸는지 모른다. 입양 단체에 연락해서 내 아이들을 돌려달라고 했다. 하지만 이미 떠난 아이들은 한국으로 돌아올 수 없다는 단호한 답변을 듣고서 난 눈물을 흘릴 수밖에 없었단다. 내가 너무너무 미안하다. 내가 죄인이다, 아들아."

대화는 늘 비슷했습니다. 가슴 아파하고, 애달파하고, 죄인이라는 말을 반복하셨지요. 한국 어머니는 싱글맘이셨습니다. 한 남자를 만나 쌍둥이를 낳았지만, 그에게는 이미 아내가 있었습니다. 결혼한 사람인 줄은 꿈에도 몰랐던 남자에게서 버림받고 홀로 두 아이를 키우기 위해 힘겨운 나날들을 보냈습니다. 학업을 포기하고, 옆집에 아이 둘을 맡겨놓은 채 여기저기 밤낮없이

일하러 다니셨습니다.

그렇게 되풀이되는 하루하루를 보내던 어느 날, 일 끝내고 집에 돌아와보니 옆집에 맡겨둔 아이들이 사라지고 없었습니다. 아이들의 외할머니라는 분이 찾아와 데려가셨다는 겁니다. 한국 어머니는 청천벽력 같은 그 말을 듣고서, 일을 전부 내팽개친 채 버스 터미널로 달려가 표를 산 뒤 본가로 찾아가셨다고 합니다. 그러고는 친정어머니를 만나 아이들을 잘 키울 생각이니 당분간만 맡아달라고 간절히 부탁드리고는 서울로 돌아오셨지요.

그렇게 시간이 흐르고 아이들을 키울 여력이 조금 생기자 본가를 다시 찾아갔습니다. 그러나 아이들은 이미 해외로 입양된 후였습니다.

딸이 미혼모가 되었다는 차가운 시선을 외조부모님은 감당할 수 없었다고 합니다. 이에 친엄마인 딸의 동의도 받지 않고서, 지인을 통해 입양 기관에 연락해 제 남편과 쌍둥이 동생을 해외로 보냈다고 합니다. 이런 어처구니없는 일이 어떻게 가능했을까요? 부모의 동의 없이 입양 기관으로 보내고, 해외로 보내는 일이 어떻게 벌어질 수 있었을까요?

남편의 서류 중 하나인 해외 입양 이민 승낙서를 찾아서 살펴봤습니다. 거기에는 남편이 무국적 아이로 후견인에게 맡겨졌고, 그 후견인은 아이의 장래 행복을 위해 입양 기관이 주선한 외국인 가정에 아이를 보내는 것을 승낙했다고 적혀 있습니다.

이게 어떻게 가능했을까요?

친어머니가 버젓이 살아 있는데도 다른 사람이 입양 이민을 승낙한다는 것은 절대 있을 수 없고 있어서도 안 되는 일입니다. 이것은 엄연한 서류 조작입니다.

1950년대에 전쟁고아 문제를 해결하기 위해 시작된 해외 입양은 1970년대까지 미혼모의 아이를 맡거나 아동복지 시설의 사회적 비용을 줄이기 위한 하나의 방편으로 실시되었습니다. 특히 해외 입양이 정점을 찍은 1980년대에는 출생아 가운데 1퍼센트가 넘는 아이들이 해외로 입양되었다고 합니다. 이것은 일종의 민간 외교 정책으로 받아들여졌고, 당시 한국 아동 한 명의 해외 입양 수수료는 약 3000달러, 즉 200만 원이 넘었습니다. 당시 화폐 가치로 이 금액은 직장인 한 명의 연봉과도 맞먹는 수준이었다고 합니다.

한국은 1970년대 이후 엄청난 경제 발전을 이루었고 세계가 주목하는 강국이 되었습니다. 하지만 지금도 한국의 아이들은 매년 해외로 입양되고 있습니다. 우리는 언제까지 아이를 수출하는 나라여야 할까요? 이런 아픔이 허용될 만한 어떤 근거도 우리는 갖고 있지 못합니다.

- **이름** 황미정

- **생년월일** 1974년

- **국적** 대한민국

- **글쓴이** 덴마크 입양인 얀 리Jan Lee와 결혼해 슬하에 아들 하나를 두었다. 한

국에서 거주하다가 지금은 덴마크로 이주해 올보에서 한국어를 가르치고 있다. 남편은 2004년 여름 친어머니와 재회했는데 입양 서류에서 부모가 없어 호적 창시되었고, 친어머니도 모르게 입양됐음을 확인했다.

열두 번째.

평생 외국인 취급을
받는 데 지쳤습니다

_앨리스 안데르센

입양 아동에게는 입양이 최선의 선택이었다는 게 노르웨이 사회의 일반적인 인식입니다. 하지만 제 경험을 들어보자면 입양인들은 자라면서 갖은 어려움을 겪습니다.

이 글을 읽는 당신에게 부탁드리고 싶습니다. 입양인들이 태어난 곳과는 전혀 다른 인종과 문화를 보유한 나라에서 성장하며 겪은 어려움과 그들이 헤쳐온 지난한 과거에 대해 한 번만이라도 진지하게 관점을 가져달라고 말입니다. 이는 무척 고통스럽고 말하기 어려운 주제여서, 우리가 자란 나라에서도 이런 점을 환기시키는 일은 쉽지 않습니다.

누구나 자신이 거주하고 있는 사회에 적응해서 살고 싶어합니다. 우리는 주로 백인으로 구성된 사회에서, 키가 크고 날씬하며 금발에 동그란 눈을 가진 사람을 '이상적'으로 여기며 자랐습니다. 키가 작고, 검은 머리에, 가느다란 눈을 가진 우리는 그들과 달랐습니다. 우리는 '이상적인' 것에는 어울리지 않는 부류였습니다.

어린 시절에는 특히 다른 사람들과 차별화되지 않는 것이 중요합니다. 우리 모두는 아이들이 '표준'에서 벗어난 자신과 다른 아이들을 얼마나 나쁘게 대할 수 있는지 알고 있습니다. 욕설과 괴롭힘의 정도는 상상 이상입니다.

우리는 양부모에게서 신체 능력이나 관심사를 물려받지 못했습니다. 제 부모님은 스키를 아주 좋아했습니다만, 저는 싫어합니다! 내 양누이(양부모님의 친딸)가 내게 "이제 쉰 살이 됐으니 네가 내키지 않으면 스키를 안 타도 된다"고 말해줬을 때 커다란 안도감이 들었습니다. 만세!

식단도 저를 괴롭힌 문제 중 하나였습니다. 일반적인 노르웨이의 식단은 한국의 것과 크게 다릅니다. 그 때문에 저를 포함한 많은 입양인이 소화 장애를 겪었습니다. 한국인의 상당수는 유당불내증을 가지고 있는데, 노르웨이 식단에서 우유와 유제품은 큰 비중을 차지합니다. 학교에서도 우유가 나오죠. 저는 다시는…… 그런 복통을 겪고 싶지 않습니다.

안경을 맞출 때도 문제가 있었습니다. 안경사와 시력 문제를 상의할 때, 그는 제가 물으면 서양인에 맞게 제작된 차트와 데이터에 의거해 대답했습니다. 하지만 아시아인 기준으로 제작된 차트와 데이터에 의하면 답변이 달라지곤 합니다.

병원에 가서도 어려움은 계속되었습니다. 질병에 따라서 가족의 건강 내력을 참조해야 하는데 저는 그에 대해 하나도 대답할 수 없었습니다. 저한테는 친부모의 건강 내력에 관한 정보가 전혀 없었기 때문에 증상에 대한 올바른 진단을 내리기가 더 어려웠습니다.

노르웨이에서 많은 한국 입양인은 자신의 한국 이름 또는 적어도 중간 이름을 유지하고 있습니다. 그런데 이런 이름 때문에 회사에 입사하지 못하거나 면접에서 거절당한 사례가 있었습니다. 따라서 많은 입양인이 취업 기회를 잡으려면 한국식 이름을 빼야 하나 고민하고 있습니다.

노르웨이에는 '술주정뱅이와 아이들에게서 진실을 듣는다'는 속담이 있죠. 입양인으로서 저는 현실에서 이런 속담을 여러 번 체감했습니다. 피부색과 인종에 대한 부적절한 언급은 보통 술 취한 상태에서 내뱉어지니까요. 이 때문에 우리 입양인들은 클럽과 술집에 가는 것을 되도록 피합니다.

코로나19 바이러스가 노르웨이에 퍼졌을 때는 아시아인처럼 보이는 이들은 무조건 경계 대상이었습니다. 갓난아기 때 노르웨이로 와서 쭉 살았는데도 저는 그 시기에 이방인 취급을 당하며 수많은 곁눈질을 견뎌야 했습니다.

동양인 외모를 가진 입양 여성으로서 저는 종종 아시아에서 결혼 이민으로 노르웨이에 와 살고 있는 여성들과 견주어지곤 합니다. 노르웨이 사회에서는 아시아인 여자친구와 사귀는 남성을 뭔가 결함이 있는, 즉 노르웨이 출신의 백인 여성을 파트너로 맞기 힘든 사람으로 여기는 분위기가 있습니다. 그래서 저나 제 또래의 입양인들은 양아버지와 단둘이 외출하는 걸 삼가는 편입니다. 나이 든 남편이 돈으로 사온 젊은 아시아인 아내처럼 보일 수 있기 때문이죠.

그렇다면 우리 입양인들은 다른 이민자들과 어떤 차이가 있을까요?

우리는 아기 때 노르웨이에 왔고, 여기서 자랐습니다. 우리는 노르웨이의 문화, 언어, 역사만을 배웠기에 오로지 그것만 알고 있습니다. 우리는 한국 사회에 대해 아무런 지식이 없으며, 우리에게 한국에 대해 알려줄 사람도 없었습니다. 스스로를 노르웨이 사람이라고 여기는 우리는 노르웨이에서조차 종종 외국인 취급을 당합니다. 상점과 레스토랑에 가면 판매원이나 직원이 우리를 향해 외국인에게 하듯 영어로 묻는 일이 흔합니다. 과거에 나는 그들을 향해 나도 노르웨이 사람이라고 말했지만, 이제는 지쳐서 그냥 영어로 답합니다. 보통은 이런 식의 대화가 이뤄지죠.

"어디에서 왔어요?"

"노르웨이 사람인데요."

"아뇨, 어디서 왔냐니깐요?"

"크리스티안산(노르웨이 도시)에서요."

"제 말은 어디서 태어났느냐는 겁니다."

"아, 대한민국에서요."

"그럼 입양돼서 노르웨이에 왔습니까?"

"네, 생후 5개월 때 이곳에 왔습니다."

"그런데 노르웨이어를 유창하게 하시네요?"

"네?"

"이곳이 마음에 드세요?"

"네?"

사실 저는 저에 대해 모르는 게 많습니다. 진짜 생년월일이 언제인지 모릅니다. 출생증명서가 있는지조차 모릅니다. 주민번호가 있는지, 있다면 제기 한국 국적을 가진 적이 있는지 전혀 모릅니다. 스스로 누구인지 모를 때가 많은데, 제가 누구인지 어떻게 설명할 수 있겠습니까?

저는 자신을 전사, 생존자라고 생각합니다. 저는 포기하지 않습니다. 저는 좋은 교육을 받았고 좋은 직업을 가지고 있지만, 모든 입양인이 저와 같지는 않습니다. 불행히도 자살하는 사람들이 있고, 인종혐오에 기반한 살인 사건의 피해자도 있습니다. 입양 후 충분한 사후 관리를 받지 못하고 성년이 되어서까지 외로움과 우울함을 느끼는 사람도 많습니다. 입양 가족들이 우리를 충분히 도와주기는 어렵습니다. 그들은 노르웨이 민족이며, 우리와 모든 면에서 다르기 때문에 우리 처지에 충분히 공감하기는 어렵습니다. 노르웨이의 사회 서비스 제도에는 지금까지 입양인을 위한 지원 시스템이 없었습니다. 지금 생기더라도 성인이 된 이들에게는 이미 너무 늦었죠.

제 소박한 소망이 있다면 우리가 직면한 어려움을 당신과 함께 나누고 싶다는 것뿐입니다. 민족과 문화가 다른 사회에 입양되는 것은 좋다고만 할 수 없는 일입니다. 저는 제가 노르웨이 사람이 아니며, 그렇다고 한국인도 아니라는 사실을 매일 떠올립니다. 다른 민족과 문화를 가진 나라로 아이들을 입양 보내는 관행은 이제 재고해봐야 합니다.

저는 제 실제 생년월일과 출생 기록이 적힌 서류들을 찾고 싶습니다. 이름은 바꿀 수 있지만, 이런 자료들은 앞으로도 평생 제 삶과 건강 등에 영향을 미칠 수 있기 때문입니다.

- **이름** Alice Andersen(한국 이름: 강보자)

- **생년월일** 1972년

- **국적** 노르웨이

- **입양 시 나이** 5개월대

- **한국 입양 기관** 홀트

- **입양 동의서 포함 여부** 입양 동의서나 경찰 신고서가 입양 서류에 포함되지 않았다.

- **글쓴이** 제품 관리자 석사 학위를 보유하고 있으며 노르웨이 보건 부문 경제 및 재무 부서의 고문이다.

열세 번째.

우리에게 DNA 데이터베이스가 필요한 이유

_에바 란 호프만

저는 2023년 5월 11일 '입양의 날'에 대한민국 국회에서 열린 기자회견에 참석했습니다. 오랫동안 입양인들을 지지해온 김성주 국회의원이 주최한 행사였습니다. 해외 입양으로 헤어진 가족들의 재결합을 위한 DNA 데이터베이스 구축에 제 전문 지식이 필요하다는 요청을 받았습니다. 입양인 중 극히 일부(10퍼센트)만이 생물학적 가족과의 재회를 원하고 있지만, 이들이 매일 한 명씩 가족과 재회한다 하더라도 80여 년이 걸릴 것입니다. 하지만 이들 대부분은 부모님을 만나기도 전에 사망하거나, 어찌어찌 해서 부모님을 찾더라도 이미 돌아가신 후일 가능성이 큽니다. 권위주의 정권 시절 입양 기관과 입양 정책을 지지했던 사람들이 바라던 게 바로 이런 것이겠죠.

저는 기자회견장에서 한국 가족과 재회한 것은 특권 같다고

말했습니다. 제 친어머니는 30년 넘게 저를 찾았습니다. 그리고 저는 2008년 봄 미국 알래스카에서 친어머니를 비롯한 한국의 가족들과 만날 수 있었습니다. 그로부터 한 달 뒤 친어머니는 돌아가셨습니다.

1975년 3월 27일, 생후 2개월 반이었던 저는 덴마크로 입양되기 위해 혼자 한국을 떠났습니다. 입양아들이 작은 상자에 담겨 비행기로 이송되는 사진을 본 적이 있는데, 제가 그런 아이들 중한 명이었습니다. 서류에는 "앞으로 더 나은 성장과 발달을 위해 적절한 대체 가정이 필요하며, 해외 입양 가정을 추천한다"라고 적혀 있었어요. 저는 서류에 적힌 대로 스스로 '고아'라고 여기며 자랐고, 한국의 친생 부모에 대해서는 아는 바가 전혀 없었습니다. 그래서 저는 미혼모가 아이를 너무 사랑하지만 '더 나은 삶'을 위해 포기했다는, 입양 기관들이 사회에 유포한 '아름다운 거짓말'을 믿으며 자랐습니다.

다행히 덴마크의 가족과 시골 공동체는 사랑스럽고 친절했습니다. 제가 아는 일부 입양인과 달리 저는 대가족으로부터 학대받거나 소외되지 않았습니다. 저는 기초 교육을 잘 받았고, 운 좋게도 공부와 배움에 흥미를 가져 옥스퍼드대학을 졸업했으며, 그곳에서 박사 학위도 받았습니다. 옥스퍼드 수영팀에서 남편을 만나 영국에서 가정을 꾸렸으며, 두 아들을 낳았습니다.

제 인생이 바뀐 것은 2007년 덴마크 입양 기관에서 두 통의 편지를 받고부터입니다. 하나는 한국의 가족에게서 온 것이고,

다른 하나는 저처럼 해외 입양으로 미국에 보내진 사촌에게서 온 것이었습니다. 알고 보니 저는 고아가 아니었습니다. 제 부모님은 이미 네 명의 자녀를 두었고, 가난했습니다. 이에 어머니는 한국사회봉사회로부터 제가 한국의 가족을 잊지 않은 채 자랄 것이며 커서 가족을 되찾을 것이라는 말을 듣고 아버지 몰래 저를 포기했다고 합니다. 그러나 한국사회봉사회와 한국의 입양 기관은 한국 정부의 승인하에 우리를 '고아'로 바꾸었고, 이로써 제 가족은 모두 사라졌습니다.

한국 어머니는 입양 기관을 찾아가 제 소식을 묻고 선물도 보내셨다고 합니다. 저는 그것들을 받지 못했고, 덴마크 부모님도 받은 적이 없다고 확인해주셨습니다. 한국 어머니는 저를 낳고 몇 년 후 남동생을 낳았을 때, 남매가 함께 자랄 수 있도록 남동생을 저와 같은 입양 가정에 보내달라며 한국사회봉사회에 간청했다고 합니다. 그랬다면 적어도 우리는 남매로 지낼 수 있었을 것입니다. 입양 기관은 어머니에게 덴마크의 입양 가정에서 이를 거부했다고 전했습니다. 하지만 덴마크 부모님은 그런 요청을 받은 적도 없지만, 만약 받았다면 남동생을 입양했을 것이라고 확인해주셨습니다. 저는 그 말을 믿습니다. 왜냐하면 덴마크 부모님은 저 다음에 또 다른 한국 아동을 입양하셨기 때문입니다.

한국 어머니는 2008년 봄 알래스카에서 저와 만났을 때 제가 선물을 받았는지, 그리고 양부모님이 왜 제 동생을 거절했는지 물었습니다. 제 한국 가족은 몇 년 전 알래스카로 이민을 갔지만,

어머니는 여전히 한국인이었습니다.

2008년에 재회했을 때 한국 가족들은 제가 덴마크 출신이라는 사실에 몹시 혼란스러워하는 듯했습니다. 그들은 제게 계속 네덜란드에서 자란 것이 아니냐고 물었습니다. 처음에는 두 나라를 혼동해서 그런 거라고 생각했습니다. 한국사회봉사회에서 한국 가족에게 제가 네덜란드로 입양되었다고 전했고, 이 때문에 저는 한국 가족들이 네덜란드에서 사업을 하는 친구나 친척을 통해 저를 찾기 위해 노력했다는 사실을 알지 못했습니다. 한국 가족들은 또 제게 왜 자신들을 찾지 않았느냐고 여러 차례 물었는데, 고아라고 생각했던 저로서는 이 질문이 매우 이상하게 여겨졌습니다.

위조된 입양 서류와 한국 가족에게 들었던 말을 종합해보면, 입양 기관이 우리가 다시는 만날 수 없도록 서류를 꾸몄다고밖에는 생각할 수 없습니다. 이 모든 행위는 아기와 아이들을 상품으로 만들기 위한 것이었습니다. 우리는 한국의 영유아였고, 배고픈 입이었고, 경제 성장을 위해 한국에 큰돈을 벌어다주는 상품이었습니다. 권위주의 정권과 입양 기관이 서로의 이익을 위해 공모한 것입니다. 그리고 국가 간 입양 거래는 한국이 더 이상 가난하지 않다고 할 상황이 된 이후에도 계속돼 지금까지 이어지고 있습니다.

제 친어머니는 우리가 만난 지 한 달 만에 돌아가셨습니다. 제 친언니는 제가 괜찮게 자라났다는 사실과, 친어머니나 한국 가

족에 대한 원망과 원한이 없다는 것을 알고 난 뒤 편안하게 돌아
가셨다고 말했습니다. 저는 친어머니를 만난 것이 커다란 행운임
을 알고 있습니다.

현재 저는 코펜하겐대학 의과대학의 분자유전학 교수이자 학
과장으로 재직 중입니다. 저는 부모로부터 자식에게 DNA가 어
떻게 전달되는지, DNA는 어떻게 변하며, 변하지 않은 것은 무엇
인지 등을 연구하고 있습니다. 저는 현재 입양인들의 DNA 검사
를 돕고 있지만, 아직까지 이것을 이용하는 한국인은 많지 않습
니다. 한국의 실종 아동 DNA 데이터베이스를 넓은 의미의 가족
까지 포함할 수 있도록, 즉 남녀노소 누구나 이용 가능한 데이
터베이스로 확장할 수 있도록 법률 개정이 필요하다고 봅니다.
DNA 검사는 누군가에게는 여정의 끝이 될 수도 있고, 또 다른
누군가에게는 새로운 삶의 시작이 될 수도 있습니다. 최소한 입
양인들에게는 불법적인 해외 입양 피해자로서의 정체성을 다시
확립하는 계기가 될 것입니다.

- **이름** 이름: Eva Ran Hoffmann(한국 이름: 박정란Park Jung-ran)

- **생년월일** 1975년

- **국적** 덴마크

- **입양 시 나이** 3개월

- **한국 입양 기관** 한국사회복지사회

- **입양 동의서 포함 여부** 입양 동의서나 경찰 신고서가 입양 서류에 포함되지 않

았다.

- **글쓴이** 코펜하겐대학 분자유전학 교수. 유전 물질이 자녀에게 어떻게 전달되는지, 그리고 이것이 생식력과 정체성에 어떤 영향을 미치는지 연구하고 있다. 또한 DKRG 회원으로서 한국 입양인들이 DNA 데이터베이스를 활용해 가족을 찾을 수 있도록 노력하고 있다.

열네 번째.

잘 지내고 있다고
안심시켜드리고 싶습니다

_미에 슐리히터

한 번도 뵙지 못한 부모님께,

제가 잘 지내고 있다고 안심시켜드리고 싶습니다. 하지만 언제 어떻게 우리 길이 갈라졌는지 알 수 없기에 제 확신은 미스터리와 불확실성에 둘러싸여 있습니다. 제가 입양 서류에서 찾아낸 정보에 따르면, 제 이름은 미김화Mee Kim Hwa이며 생후 1년 6개월경 고아원에 맡겨졌습니다. 처음에는 창전동 접수처로 보내졌다가 몇 달 후 충현보육원으로 옮겨졌습니다. 그곳에서 1976년 12월 16일 덴마크로 보내졌습니다. 그때가 세 살 반 정도의 나이였습니다만, 입양 서류의 생년월일 정보가 수정되어 있어서 확실하지는 않습니다.

코펜하겐 공항에서는 양부모님과 두 동생이 저를 기다리고 있었어요. 그날은 11월 26일이었습니다. 양부모님은 제가 비행기를 타고 오는 중이라는 말만 들었을 뿐 그 이상의 정보는 얻지 못했습니다. 제가 도착하지 않자 양부모님은 텅 빈 공항 도착장 앞에서 별생각을 다 하셨다고 합니다. 아이가 어떻게 예정된 비행기와 함께 오지 않을 수 있었을까요? 저는 그로부터 20일쯤 더 지난 12월 16일 코펜하겐에 도착했습니다. 여권에는 제 신장이 87센티미터라고 적혀 있었지만 양부모님이 저를 만났을 때 제 키는 81센티미터밖에 안 됐습니다. 어떻게 아이의 키가 6센티미터나 줄어들 수 있을까요? 게다가 사진 세 장이 함께 도착했는데 아무리 살펴봐도 같은 아이로는 보이지 않았습니다. 첫 비행기에 탑승했던 아이는 어떻게 된 걸까요? 저는 정말 '미김화'가 맞을까요, 아니면 다른 사람일까요? 저는 덴마크에서 평범한 삶을 살아왔지만, 가끔 외모 때문에 친구들과 다르다고 느꼈습니다. 저를 닮은 사람이 또 있으면 좋겠다고 생각한 적도 있어요. 현재 저는 마흔아홉 살의 여성으로 덴마크 남성과 결혼해 세 자녀를 두고 있습니다. 하지만 살면서 비극이 없었던 것은 아닙니다. 4년 전, 남편과 저는 스물한 살 된 아들을 잃었습니다. 이 고통스러운 경험은 제게 감정의 파도를 일으켰고, 한 번도 뵙지 못한 친부모님이 생각났습니다.

이 글을 읽는 당신도 참을 수 없을 만큼 밀어닥치는 공허함과 온몸을 마비시키는 슬픔, 무한한 그리움, 견딜 수 없는 절망을 겪어본 적이 있나요? 아이를 잃는다는 것은 부모에게는 가장 가슴 아픈 경험입니다. 아무 동의도 없이 아이를 빼앗겼다고 생각해보

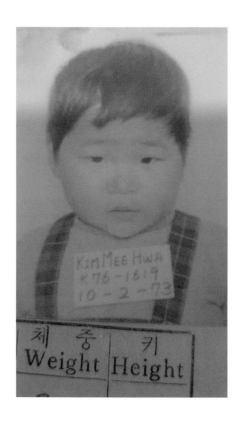

106

세요. 그렇게 아이와 부모가 헤어지고, 자식이 어디에 있는지, 어떻게 지내고 있는지 아무것도 모르는 상태로 살아왔다고 생각해보세요.

저는 답을 찾고 있습니다. 저는 정말 양부모님이 입양하기로 했던 미김화가 맞을까요? 서류에 적힌 것처럼 제가 그렇게 아팠던 걸까요? 제 어린 시절 1년 반이 넘는 기간 동안 저는 어디에 있었나요?

친부모와 형제자매들이 저에 대한 답을 찾고 저에 대해 확신을 가질 수 있기를 바랍니다. 제 이야기와 제 상황을 공유하고 싶고, 한국의 모든 입양인이 제가 찾고 있듯이 답을 찾을 수 있기를 바랍니다.

- **이름** Mie Kim Kolibri Schlichter(한국 이름: 김미화)

- **생년월일** 1973년

- **국적** 덴마크

- **입양 시 나이** 3살대

- **한국 입양 기관** 홀트

- **입양 동의서 포함 여부** 입양 동의서나 경찰 신고서가 입양 서류에 포함되지 않았다.

- **글쓴이** 남편과 함께 코펜하겐에 있는 보트 장비 상점에서 일하고 있다.

열다섯 번째.

서양으로 입양된 것은 행운일 수가 없습니다

_잉에르-토네 우엘란 신

제 이름은 잉에르-토네 우엘란 신입니다. 저는 1964년 대한민국에서 태어났습니다. 본명은 김정아입니다. 노르웨이에 있는 양부모님은 제 본명을 존중하지 않은 채 새 이름을 지어주셨어요. 저는 이것이 불합리하다고 생각했습니다.

1978년 3월 23일, 한국의 김정아는 갑자기 노르웨이의 잉에르-토네가 되었습니다. 당시 저는 열세 살이었습니다.

누군가가 "입양된 건 행운이야"라고 말할 때, 그들은 입양인이 자신의 엄마, 아빠, 또는 부모가 누군지 모른다는 사실은 별로 고려하지 않습니다. 그렇다면 그들에게 묻고 싶습니다. 당신에게 이런 일어났다면 운이 좋다고 생각하겠어요? 그런 말이 입양인들에게 얼마나 큰 고통을 주는지 알아야 합니다. 그들은 자신이 무슨 말을 하고 있는 건지 모릅니다.

노르웨이의 55세와 54세 부부가 저를 데려가기 위해 서울로 왔습니다. 그들은 어린 소녀에게 해줄 수 있는 게 많다고 생각했습니다. 그들은 탄탄한 재정에 크고 아름다운 집을 보유한 사업가였습니다. 저를 입양한 노르웨이 부부는 자신들이 저를 구했다고 믿었습니다. 그들은 제게 온갖 물질적인 부를 제공했습니다. 그들은 제가 그들이 그토록 갈망하던 딸이었다고 말했습니다. 노르웨이 부부는 노르웨이 당국에 아이를 입양하고 싶다고 신청했다가 거절당했습니다. 당국은 이 부부의 요청을 두 차례나 거절했습니다. 하지만 부부는 여기에 불복하고 노르웨이 입양 기관의 도움을 받아 직접 서울에 있는 홀트를 찾아가서는, 양국 입양 기관들의 도움으로 아이에게 관광 비자를 발급받은 후 직접 데려왔습니다.

이들 부부가 거주하는 노르웨이 하Hå시의 사회복지 책임자, 사회 큐레이터, 아동 보호 위원회는 이 부부의 입양 신청이 거부된 사실을 알고 있었습니다. 그래서 1978년 여름 휴가 직전에 이 부부가 한국에 직접 가서 아이를 데려왔다는 것을 알고는 경악했습니다.

노르웨이에서 제 생활은 힘들었습니다. 노르웨이어를 한마디도 할 줄 몰랐고, 음식도 기후도 문화도 한국에서 13년 동안 경험했던 것과는 완전히 달랐습니다. 제가 양부모님 곁으로 오는 순간 한국에서 가졌던, 많은 어른과 아이와 나눴던 유대감이나 안전한 느낌은 사라져버렸습니다. 저는 노르웨이어를 한마디도 모르는 상태에서 중학교에 다니기 시작했습니다. 언어적 혼란은 극심했고, 모국어에 대한 지원을 전혀 받지 못한 상태에서 한국어는 결국 잊혔습니다.

양부모님과의 관계는 제게 큰 부담이었습니다. 저는 제가 부족하다고 여겨 끊임없이 불안했고, 집 안의 아름다운 골동품과 예술품을 깨뜨리거나 망가뜨릴까봐 두려웠습니다. 양어머니가 너는 다리가 너무 짧다고 말했을 때, 제가 이 집에서 받아들여지지 않는구나, 라고 느꼈습니다. 양어머니는 제가 키를 늘이는 수술을 받기를 원했어요. 그래서 저는 한국 출신이고, 제 키는 유전자에 따라 정해진 것이라고 말해야만 했습니다.

제 입양은 불법이었습니다. 노르웨이 부부에게는 서류가 제대로 갖춰져 있지 않았습니다. 그들은 두 번이나 입양 신청이 거부되었지만 결국 저를 데려왔죠. 노르웨이 국왕이 이들의 입양 신청을 1978년 1월 27일 최종적으로 거부했는데, 당시 노르웨이 법무부의 결정은 다음과 같았습니다.

- 아동 복지 상담사가 입양을 약속한 적이 없다고 부인함.
- 아동의 나이가 많을수록 적응 과정이 더 어렵다는 것을 인정함.
- 나이 많은 아동의 입양은 너무 많은 추가 문제를 수반하므로 거의 승인되지 않고 있음.
- 가이드라인에 따르면 아동과 양부모의 나이 차이는 40세를 넘지 않아야 함.

제 입양은 세계의 아이Verdens Barn라는 이름의 기관에서 노르웨이 한국협회와 협력해 이루어졌습니다.

최종적으로 입양이 거부되었음에도 불구하고 이 부부는 한국과 노르웨이 사이에서 입양을 중재하는 노르웨이 한국협회와 지속적으로 연락을 주고받았습니다. 이 단체에는 직원 두 명이 있었습니다. 핀치 부인으로 알려진 잉에르-요한네 스트롬 핀치가 총무 겸 발기인이었습니다. 그녀는 하시 당국으로부터 부부의 재정 상태와 집 규모, 관심사, 입양 동기 등이 담긴 사회 보고서를 받아둔 상태였습니다.

저는 노르웨이 국왕에게 편지를 보내, 2008년 12월 19일 '한국 노숙 아동을 위한 인도주의적 활동과 기여'를 공적으로 하랄 국왕이 입양 기관 홀트에 수여한 노르웨이 왕실 공로 훈장을 철회해달라고 요청했습니다. 불법 입양에 연루된 사람들에게 메달을 수여해서는 안 됩니다. 불법 입양은 돈 때문에 아이들을 납치하는 것과 같습니다. 저는 그 메달이 잘못된 근거로 수여되었다고 믿습니다.

결론적으로 말씀드리고 싶은 바는 제가 잘 살고 있다는 것입니다. 저는 제가 태어난 나라인 한국을 여러 차례 방문했습니다. 저는 한국에서 온 신광복씨와 결혼했으며, 우리는 강한 유대감과 동일한 유전자를 갖고 있습니다. 이는 저 스스로 건강을 유지하는 데 도움이 되었습니다.

저는 한국에서 뜻깊은 시간을 보냈습니다. KBS TV에서 다섯 시간 분량의 녹화를 진행했고, 제 이야기는 방송되었습니다. 저는 제가 살았던 고아원과 초등학교, 딱 일주일만 다녔던 중고등학교를 방문해 저에 관한 자료를 수집하기도 했습니다. 또한 미혼모를 위한 지원 시설에 기부도 했습니다. 앞으로도 저는 고국의 미혼모들을 계속 돕고 지원하겠습니다. 제 목표는 한국의 아이들이 해외로 입양되지 않고, 그곳에서 필요한 도움을 받도록 하는 것입니다.

- **이름** Inger-Tone Ueland Shin
- **생년월일** 공식적으로는 1964년생
- **국적** 노르웨이
- **입양 시 나이** 14세
- **한국 입양 기관** 홀트
- **입양 동의서 포함 여부** 없는 것으로 추정.
- **글쓴이** 한국인 신광복씨와 결혼해 행복하게 살고 있다. 요양원, 요양병원에 소속된 요리사로서 매년 청년들의 요리 대회에 자원봉사자로 참여하고 있다.

열여섯 번째.

생명을 갖고 노는 것은 쓰레기 같은 일이에요

_마야, 로라, 클라라

안녕하세요. 제 이름은 마야 마그달레네 리 고 웨일만 토프타게르이며, 열세 살입니다. 저는 절반은 한국인이고, 절반은 덴마크인입니다. 부모님은 제게 한국어와 덴마크어가 반씩 섞인 이름을 지어주셨어요. 엄마 이름처럼 말이죠. 곧 열세 살이 되는 제 친구 로라와 로라의 열한 살짜리 여동생 클라라 그리고 저, 이렇게 셋은 가끔씩이라도 우리 생각을 나누는 게 좋겠다고 생각했어요. 로라와 클라라의 엄마도 우리 엄마처럼 입양되었고, 우리 집에서 그러는 것처럼 자기네 집에서도 입양에 대해 자연스럽게 이야기를 나눈대요. 친구들 엄마의 이름은 리사 베크로, 1980년대 초반 아기였을 때 입양되었다고 합니다.

지금부터는 우리가 지난 1년간 나눈 생각들을 들려주려 합니다. 엄마는 저와 친구들의 생각을 말로 표현하는 데 도움을 주고

계세요. 이 글은 저와 친구들이 질문에 답하는 방식으로 꾸며질
텐데요, 이게 우리 생각과 느낌을 설명하기 가장 쉬울 것 같아서
예요.

저는 막내딸입니다. 제게는 가브리엘이라는 오빠가 있고, 우리
남매는 덴마크인 아빠와 한국인 엄마 사이에서 자랐어요.

엄마는 제가 자라는 내내 한국에서 보냈던 어린 시절이 얼마
나 좋았는지 이야기해주셨어요. 저는 일곱 살 때 엄마가 태어난
나라에 처음 가봤어요. 엄마는 네 살 때 입양됐습니다.

처음 한국을 방문했을 때의 기억은 가물가물하지만, 재미있었
고 어딘가 익숙한 느낌을 받기도 했어요. 엄마가 늘 만들어주신
것과 비슷한 음식들이 특히 그랬어요. 엄마는 작년에 저랑 오빠
없이 엄마의 고향일지도 모를 제주도에 혼자 다녀오셨어요. 그리
고 올해는 6주 일정으로 식구들이 다 같이 서울에 다녀왔는데,
몇 년 후에 있을 제 세례식 이후에 한국을 다시 방문하기로 약속
했어요.

올해 한국에 갔던 이유 중 하나는 자주 못 봤던 엄마의 한국
친구들을 만나기 위해서였어요. 다른 한편으로는 엄마의 입양과
관련해 풀리지 않는 의문들을 알아보고 싶다는 생각도 조금 있
었어요. 그래서 우리는 사람들을 만나야 했어요.

지난겨울과 봄에 엄마는 약속대로 우리 집에서 워크숍을 진행
하셨어요. 많은 사람이 참여했고 한국 문화를 엿볼 기회가 되기
도 했어요. 그분들은 대부분 겉모습은 한국인이지만 실상은 덴

마크인이었고, 우리 엄마와는 다르게 자신들의 입양이나 한국 방문에 별로 관심을 보이지 않던 사람들이었어요.

저는 가끔 우리는 왜 엄마의 입양 가족과 친하게 지내지 않는지 궁금했지만, 시간이 지날수록 자세히 묻지 않는 편이 좋다는 걸 깨달았어요. 그런 질문을 하면 엄마가 외로움을 느낀다는 걸 알게 된 거예요. 그리고 제 친할아버지, 친할머니와 덴마크인 외할아버지, 외할머니가 너무 다르기 때문에, 엄마의 친부모는 어떤 분들인지, 저한테 이모나 삼촌이 있는지도 궁금했어요.

리사 아줌마, 즉 로라와 클라라의 엄마는 갓난아기 때 입양되었는데, 우리 엄마가 늘 한국에 대해 이야기하는 걸 듣고서 호기심이 생겼다고 해요. 덴마크한국인 진상규명 그룹DKRG이 설립되자 엄마는 리사 아줌마에게 가입해서 입양 관련 서류를 살펴보라고 설득했어요.

우리 엄마와 리사 아줌마는 함께 DKRG에 가입했고, 서로의 딸들이 같은 학교에 다니고 있을 뿐 아니라 해외 입양에 대해 다른 관점에서 접근하고 있다는 점 등으로 인해 금세 서로를 존중하며 유대감을 형성했습니다.

리사 아줌마는 DNA 검사를 받았고, 검사 결과 한쪽 부모가 같은 여성이 미국에 살고 있다는 사실을 알게 되었어요. 그분도 리사 아줌마처럼 입양인이었고, 리사 아줌마를 만나러 덴마크까지 찾아왔어요. 그분은 미국에서 가족을 찾기 위해 엄청난 노력을 했다고 해요. 하지만 모든 일이 갑작스럽게 이뤄지자 내성적인 성격의 리사 아줌마는 그런 상황을 버거워하면서 조금 거리를 두고 싶어했어요.

다음은 우리 엄마가 나, 로라, 클라라와 한 인터뷰입니다.

1. 엄마가 입양되었다는 사실을 알고 있어?

마야 네, 엄마가 한국인이 돼서 행복하다고 하셨으니 비밀은 아닌 것 같아요.

로라/클라라 네, 우리도 엄마가 입양인이라는 사실을 알고 있어요. 엄마가 그런 걸 말하지 않는다면 오히려 이상할 것 같아요. 딱 보면 다른 나라에서 왔다는 걸 알 수 있거든요.

2. 엄마가 입양인이 아니었다면 너희 삶이 달라졌을 것 같아?

마야 그럼요, 저도 생각을 많이 해봤어요. 엄마는 장애인이기도 하니까 입양과 장애는 우리 삶에서 차지하는 비중이 크죠. 또 우리 가족이 먹는 것은 완전히 덴마크 음식도 아니고요, 친구들보다 지켜야 하는 규칙도 많죠.

로라 저는 부모님이 모두 덴마크인이었더라도, 외모 빼고는 제 삶이 그렇게 달라지지는 않았을 것 같아요.

클라라 엄마가 입양되지 않았다면 저는 태어나지도 못했을 거예요.

3. 입양에 대해 어떻게 생각해? 그렇게 생각하는 이유는 뭐야?

마야 어른들이 아이들 생명을 갖고 놀았다는 점에서 쓰레기 같은 일이라고 생각해요. 엄마는 입양 가족들에게 인형이라 불렸어요. 제 입양 이모가 생일 선물로 살아 있는 인형을 받은 셈이죠. 그럴 거면 아이들을 잠시 맡겼다가 나중에 집에 돌아올 수 있도록 하는 것이 더 낫다고 생각해요.

로라/클라라 우리는 입양하는 것에 좋은 점도 있고 나쁜 점도 있다고 생각하지만, 엄마처럼 친부모와 헤어진 아이나 몰래 팔려간 아이들에 대한 이야기는 마음에 들지 않아요. 입양은 아이가 고아여서 좋은 가정을 필요로 할 때만 괜찮은 일이라고 생각해요. 엄마는 할머니와 할아버지에게 왔고, 우리는 그분들을 사랑하며, 다른 누군가가 그분들을 대신할 수 있다고는 생각하지 않습니다.

4. 너희는 입양된 엄마의 뿌리(생물학적 기원)에 대해 생각해본 적이 있어?

마야 평소에는 생각하지 않아요. 하지만 엄마가 저한테 한국어를 조금 가르쳐주고 싶어하셔서 한국어 할 때 생각나긴 하죠. 또 저는 한국 아이돌 그룹 스트레이 키즈를 좋아해요.

로라/클라라 우리는 평소 그런 생각을 해본 적이 없어요.

5. 엄마의 친가족을 찾고 싶어?

마야 네, 아주 많이요. 엄마의 가장 큰 소원 중 하나이기도 하고요, 진짜 가족을 찾는 것이니까요.

클라라 아니요, 난 한국 가족을 찾고 싶지 않아요.

로라 우리 할아버지, 할머니가 최고여서 다른 가족은 원치 않아요.

6. 엄마가 태어난 나라를 방문한 적이 있거나 그럴 계획이 있어?

마야 네, 저는 한국을 두 번 방문했는데, 2019년에 처음 갔을 때는 음식 말고는 기억나는 게 없어요. 그때는 일곱 살 생일이었고, 올해는 서울에서 열세 살 생일을 맞았어요. 올해는 지구상에서 가장 다정한 사람들을 만났죠.

로라/클라라 특히 서울에 가보고 싶어요. 한국 문화를 경험해보고 싶은데, 엄마가 한국 출신이어서이기도 하지만 서울이라는 도시 자체가 정말 멋져 보이거든요. 예를 들어 한국의 세븐일레븐과 덴마크의 세븐일레븐이 얼마나 다른지 경험해보고 싶어요.

7. 입양된 엄마에게 덴마크 이름이 아닌 다른 이름이 있을지도 모른다는 생각을 해본 적 있어?

마야 엄마는 한국인이에요.

로라/클라라 우리는 엄마의 이름에 대해 궁금해하지 않았지만, 엄마가 한국 이름도 갖고 있다는 것은 알고 있어요.

8. 자신이 100퍼센트 덴마크인으로 보이지 않아서 다른 시선을 받은 적이 있어?

마야 별로요. 딱 한 번 있지만, 그 애는 지적받고 나서 사과했어요.

9. 마음대로 할 수 있다면 바꾸고 싶은 게 있어?

마야 엄마한테 장애가 없으면 좋겠지만, 그렇지 않더라도 우리 삶은 정말 좋다고 생각해요. 엄마가 우리한테 한국어를 좀더 가르쳐주셨으면 좋겠어요. 그래서 듀오링고라는 앱으로 연습하고 있어요.

로라 저도 마야처럼 매일 듀오링고로 글자 연습을 하지만, 문장을 읽으려고 하면 모르는 단어가 너무 많아요.

10. 마지막으로 입양된 사람들, 입양 부모, 입양된 사람들의 자녀, 또는 입양된 사람들의 친부모에게 하고 싶은 말이 있어?

마야 저는 엄마의 입양 가족과 친부모님께 질문이 있는데 아직 답을 듣지 못했어요. 그리고 입양인과 입양인을 부모로 둔 아이들에게도 하고 싶은 말이 있어요. 입양되어 외로움을 느끼는 분들도 계시겠지만, 어떤 삶을 살아왔든 그분들의 삶이 소중하다는 사실은 변하지 않아요. 엄마는 항상 제가 사랑받고 있다고 느끼게 해주셨고, 제 인생에서 제 자리는 다른 사람이 채울 수 없다고 말씀해주셨어요.

위의 문답은 마야의 엄마인 니아 경자 리 고Nia Kyung Ja Lee Koh

가 작성했습니다.

문답을 보면 마야와 마야의 친구들은 어느 정도 비슷한 시각을 갖고 있지만, 성장 배경에 따라 관점과 기대가 다르다는 것을 알 수 있습니다. 우리 입양인들은 입양이 자기 자신에게만 한정된 문제라고 생각하지 않습니다. 입양은 다음 세대에까지 영향을 미칩니다. 좋은 가정에서 자랐든 나쁜 가정에서 자랐든, 좋은 일이든 나쁜 일이든, 우리가 후손들에게 무엇을 물려주고 있는지 잊지 말아야 합니다.

우리는 우리가 느끼는 것과 우리가 겪은 일들이 아무 이유 없이 생겨난 게 아님을 알게 되었습니다. 우리 중 일부는 평생 그 안에 있었고, 다른 일부는 휴면 상태에서 깨어났지만, 우리가 누구든 상관없이 아이들도 우리 혈통의 일부입니다.

- **이름** Maya Lee Koh Weilmann Toftager

- **생년월일** 2010년

- **국적** 덴마크

- **글쓴이** 해외 입양인의 딸로서 중학생이며 다섯 살 때부터 태권도를 배웠다. 친구랑 놀거나 게임 하는 걸 좋아한다. 동물을 좋아해 수의사가 되고 싶다.

- **이름** Lisa Bielefeldt Beck

- **생년월일** 1980년

- **국적** 덴마크

- **입양 시 나이** 거의 8주대
- **한국 입양 기관** 한국사회복지사회
- **입양 동의서 포함 여부** 입양 동의서나 경찰 신고서가 입양 서류에 포함되지 않았다.
- **글쓴이** 행정 전문 사회복지사이고, 열두 살짜리와 열세 살짜리 딸을 두고 있다.

- **이름** Clara Beck Østergaard
- **생년월일** 2012년
- **국적** 덴마크
- **글쓴이** 한국에서 온 입양인의 딸로 중학교 진학을 간절히 기다리는 초등학생이다. 친구, 가족, 패션, 춤을 좋아한다.

- **이름** Laura Beck Østergaard
- **생년월일** 2010년
- **국적** 덴마크
- **글쓴이** 한국에서 온 입양인의 딸로 중학생이다. 친구, 가족 그리고 파트타임 일을 좋아한다.

열일곱 번째.

양부모님이 돌아가신 뒤
시작된 친가족 찾기

_루이스 힐레루프 한센

1976년 9월 21일. 내 (입양) 이야기는 이때 시작된다. 그러나 사실 이 날짜 이전의 알려지지 않은 사건들이 있었다.

나의 첫 사진 두 장은 서울에 있는 홀트 입양 기관에서 찍은 것이다. 한 장은 울고 있는 모습을 담고 있다. 다른 사진에서는 울고 있지 않지만 행복해 보이지도 않는다. 다음 사진은 덴마크 코펜하겐 공항에서 낯선 남자(홀리스 씨)가 나를 (양)어머니에게 넘기는 장면이다. 어머니는 매우 행복해 보인다. 그때 내 나이는 19개월로 추정된다.

(양)부모님은 나를 입양해 얼마나 기뻐했는가를 말씀해주셨다. 도착했을 때 내가 무척 배고파했으며, 먼저 입양된 (양)오빠(그도 한국에서 입양되었다)를 처음 보고는 활짝 웃더라는 사실도 덧붙이셨다. 입양 당시 나는 걸음마를 뗀 상태였다. 서류에는 내

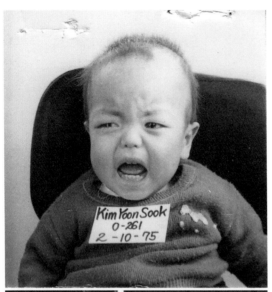

Kim Yoon Sook
0-261
2-10-75

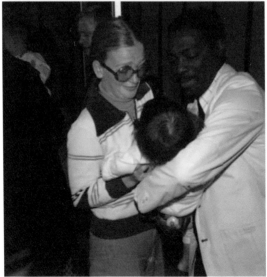

가 한국어로 두 단어로 된 문장을 말할 수 있었다고 적혀 있다.

그때부터 내 삶은 다시 시작되었다. 나는 키우기 쉬운 아이였다. 밤에는 아홉 시간 동안 깨지 않고 잤다. 두 살 때 덴마크어를 말할 수 있었고, 세 살 때는 나이프와 포크로 식사하는 법을 익혔다. 다섯 살 때는 덴마크어를 읽을 수 있었다. 학교 공부도 잘했다. 나는 가족들을 기쁘게 만드는 사람이었다. 덴마크에서의 유년 시절은 행복했다. 이 시절을 한 단어로 표현한다면 '감사함'이라고 할 수 있다. 어머니는 나를 무조건적으로 사랑하셨다. 내가 행복했다면 그건 어머니 때문이다. 아버지는 감정을 잘 표현하지 않는 분이었지만, 아버지께도 사랑을 느끼며 자랐다.

아버지는 내가 서른여섯 살 때 식도암으로 돌아가셨다. 내가 마흔네 살 때는 (약 11년 동안이나 치매를 앓으셨던) 어머니도 돌아가셨다. 그 후 얼마 안 있어 나는 친생 가족에 대한 정보를 찾기 시작했다. 돌이켜보면 내가 마음만 먹으면 언제든 친생 가족을 찾아볼 수 있었다. 하지만 어린 시절에는 멀리 여행할 돈이 없어 한국에 갈 수 없었다. 또는 (양)부모님께 내가 충분히 사랑받는 데다 부족함이 없다는 것을 보여드리고 싶었기 때문에 부모님이 살아 계실 때는 친가족을 찾겠다는 말을 꺼내지 않았던 것 같다. 입양 기관에 편지를 보냈고, 그들은 양부모님께도 그랬듯이 내게도 친가족에 대한 정보가 없다는 답장을 뒤늦게 보내왔다. 유전자 분석 서비스를 제공하는 MyHeritage, Ancestry, 23andMe 등에 내 DNA 샘플을 보냈지만 친가족을 찾을 수 없었다.

마흔네 살에 처음으로 내가 태어난 나라 한국을 방문했다. 그리고 남편과 함께 서울의 입양 기관을 찾아갔다. 그들은 내게 티슈를 건네주었지만, 친부모에 대한 정보는 제공하지 못했다. 유일하게 들을 수 있었던 이야기는 내가 9개월 때 길거리에 홀로 버려졌다는 것이다. 나는 이제 다른 많은 한국 입양인이 나와 비슷한 이야기를 공유하고 있다는 사실을 잘 알고 있다. 입양 기관은 내가 버려졌다는 서울의 어느 거리에 대한 구글 지도 좌표를 알려주었다. 내 생일이 매년 기념하는 날이 맞는지 나는 확인할 수 없다. 서류에 나와 있는 한국 이름이 진짜 내 이름인지도 나는 모른다. 나는 마지막 희망을 부여잡는다는 심정으로 마포경찰서에 찾아가 내 DNA 샘플을 맡겼다. 서울에서 만난 사람들은 나를 친절하게 대해주었다. 나는 곧 다시 서울을 방문하고 싶다.

현재 나는 마흔여덟 살이다. 부모님은 모두 돌아가셨다. 불행히도 나는 아이를 낳지 못했다. 친생 가족에 대한 정보는 없으며, 그들을 찾을 희망 또한 별로 없다. 내가 할 수 있는 일은 여기까지다.

- **이름** Louise Kim Hillerup Hansen
- **생년월일** 1975년생
- **국적** 덴마크
- **입양 시 나이** 19개월대

- **한국 입양 기관** 홀트

- **입양 동의서 포함 여부** 입양 동의서나 경찰 신고서가 입양 서류에 포함되지 않
  았다. 입양 기관에 공개해달라고 했을 때 없다는 답변을 받았다.

- **글쓴이** 안과 의사다. 결혼했고 자녀는 없으며 고아다. 미식가로서 전 세계 음
  식을 즐긴다.

열여덟 번째.

우리가 입양한 게
올바른 일이 아님을
본능적으로 깨달았습니다

_벤트 쇠렌센, 릴리안 쇠렌센

덴마크 출신인 우리, 즉 벤트와 릴리안은 결혼 후 5~6년 동안 아이를 갖지 못해 1988년 한국에서 미아 리를 입양했습니다.

1980년대까지 많은 입양아가 덴마크에 도착했는데, 한국 출신이 가장 많았고 스리랑카, 인도, 콜롬비아 출신도 있었습니다.

우리 부부는 교사로 일하면서 한국에서 온 아이들을 가르쳤을 뿐 아니라 이웃, 지인들과 함께 그 아이들을 만났습니다. 당시에는 아이들을 이런 식으로 전 세계에 이주시킬 권리에 대해 아무도 의문을 제기하지 않았습니다. 해외 입양은 가족을 갖지 못한 아이들에게 더 나은 미래를 제공하는 일이었고, 부모가 된 부부들에게도 더 나은 미래를 선사하는 일이었다고 믿었기 때문입니다. 아이들이 사랑을 듬뿍 받으면 아무 문제가 없을 거라는 햇살 같은 이야기만 들렸고, 우리는 그런 사랑을 주고 싶었습니다.

이미 덴마크에 도착한 아이들은 빠르게 적응하고, 언어를 배우고, 유치원에 입학하고, 문제없이 자라고 있다고 들었습니다.

일반적으로 입양 부모는 아이에게 입양 배경을 완전히 공개하고, 친부모나 친어머니가 사회적·문화적 여건 탓에 양육을 포기하고 입양시켜야 했던 상황에 대해 자녀와 이야기를 나누도록 조언을 받았습니다. 입양은 친부모나 친어머니가 적어도 아이를 사랑해서 선택한 것으로 간주되어야 했기 때문입니다.

미아 리가 자신의 입양에 대한 모든 것을 이해하기 훨씬 전인 첫해 여름에, 우리는 집 앞 잔디밭에 앉아 비행기가 우리 머리 위를 지나갈 때마다 아이가 덴마크에 도착했던 이야기를 반복해서 들려주었던 기억이 생생합니다. 미아 리는 그렇게 비행기를 타고 우리에게 왔죠. 이유를 정확히 설명할 순 없지만 그건 제게 꽤 감동적인 일이었습니다. 하지만 여러 해가 지난 후 저는 본능적으로 깨달았습니다. 그건 올바른 일이 아니었다는 것을요.

모든 입양 이야기가 행복하기만 한 것은 아니라는 사실이 미디어를 통해 흘러나오기 시작했습니다. 남편과 저는 사실 안도감을 느꼈습니다. 우리는 미아 리가 미숙아로 태어났다는 것은 알았지만, 해외 입양의 실태에 대해서는 잘 몰랐습니다.

우리 부부는 '우리에게 온 작은 아기'를 딸로 받아들이기 전에 소아과 의사와 상담했습니다. 그러고는 어디가 불편한지 쉬이 잠들지 못하고 달래기 힘든 아이를 키우기 시작했습니다. 미아 리는 몸을 뒤집는 것이 다른 아이들보다 느렸고, 혼자 앉는 것도 늦

었습니다. 또 습진에 걸리기도 했고, 무엇보다 우유 알레르기가 있었습니다. 유치원을 다니기 시작하면서 아이는 육체적으로 힘들어했습니다.

오랜 기간 미아 리는 운동 능력과 감각 통합 치료를 받아야 했습니다. 또한 오른쪽 눈이 실명된 것도 뒤늦게 알게 되었습니다. 어려운 문제도 그것 말고도 많았습니다. 미아 리는 5~10분 이상 차를 타면 멀미를 했습니다. 아이를 위해 아주 평온하고 조용한 환경이 필요했으며, 늘 곁에서 지켜봐야 했습니다(미아 리는 네 살이 될 때까지 제가 화장실을 갈 때조차 졸졸 따라다녔죠).

9~10세 무렵부터 미아 리는 아직 어린 나이임에도 불구하고 눈빛이나 태도가 마치 성인처럼 진지해 보였습니다. 남편과 저는 자동차 룸미러로 뒷자리에 앉은 아이를 관찰하면서, 사랑스러운 딸에게 어떤 변화가 생기고 있는지, 입양과 장애로 인한 트라우마가 점점 더 심해지는 것은 아닌지 걱정하곤 했습니다. 마치 밟고 서 있던 카펫을 누군가가 확 잡아채버린 듯한 심정이랄까요. 자전거를 타다가 넘어져서 다친 일을 비롯해 미아 리가 성인이 될 때까지 크고 작은 사고들이 끊이지 않아 조마조마했습니다.

다행히 우리 아이는 투사였고, 입양 기관에 맞서 싸우기 시작한 지 3년이 된 지금은 입양의 트라우마를 더 깊이 파고들고 있습니다. 서른여섯 살이 된 지금까지도 자신의 자리를 찾기 위해 고군분투하고 있습니다.

미아 리는 DNA 검사를 통해 한국의 친가족을 찾았습니다. 아이의 친어머니는 자신이 사산했던 것으로 알고 있었습니다. 아이에게는 친부모, 두 언니와 남동생이 있었고, 조카들까지 있었습니다.

미아 리가 친부모를 만난 이야기와 함께 친부모도 모르게 팔려서 입양되었다는 사실은 한국뿐만 아니라 덴마크에서도 큰 파장을 불러일으킬 것입니다. 미아 리의 덴마크 부모인 우리는 삶을 위한 아이의 투쟁을 모두 지켜봐왔으며, 그 여정이 얼마나 힘든 것인지 잘 압니다. 죄를 지은 사람들은 반드시 책임을 져야 합니다. 우리는 아이가 친부모와 재회할 수 있게 된 것이 무척 기쁩니다.

- **이름** Bent Sørensen, Lilian Sørensen

- **생년월일** 1948년(부), 1951년(모)

- **국적** 덴마크

- **글쓴이** 입양 부모로 둘 다 평생 초등학교 교사로 일했다. 지금은 은퇴해 손자와 산책하거나 친구들과 함께 노년의 삶을 누리고 있다.

열아홉 번째.

가짜 친부모와
재회하다

_미카엘라 디츠

그녀의 머리카락에서는 내가 싫어하던 치자나무 냄새가 났다. 나는 숨을 참다가 신선한 공기를 들이마시려고 껴안았던 팔을 풀었다. 동그랗고 낯선 얼굴에 근육질 몸매를 지닌, 가슴이 풍만한 여성이 내 앞에서 눈물을 흘리고 있었다. 그녀는 자신의 약한 모습을 굳이 감추려 하지 않았다. 나는 가난하고 나약한 사람으로 인식되느니 차라리 내 작은 가슴을 놀림감으로 삼는 편이 낫다고 생각하는 사람이다. 나는 다른 사람을 편안하게 만들어주기 위해 잘 웃고 나 자신을 망가뜨리면서까지 농담을 하는 유형이다. 정반대처럼 보이는 그녀와 나는 어떤 관계일까?

나는 대신 침착해 보이는 '친아버지'에게서 단서를 찾았다. 그는 나처럼 뭉툭한 엄지손가락을 갖고 있었다. 나의 '친어머니'는 여전히 내 얼굴을 쓸면서 눈물을 흘리고 있었다. 나는 그들을 슬

이 건숙 (총각)

프게 했다. "어렸을 때 아파서 그랬나, 왜 이렇게 작아?" 함께 온 그들의 딸, 그러니까 나보다 열 살이나 어린 나의 '생물학적 여동생'이 친어머니의 말을 통역해줬다. 그녀는 노래를 부르는 것처럼 이야기했는데, 목소리가 달콤하고 맑았다. 마치 목에 바순이 달려 있는 것 같았다.

백인이 주류를 이루는 사회에서 자라난 해외 입양인인 나는 내 한국적 유산을 찾기 위해 매달렸고, 마침내 동방사회복지회 ESWS로부터 깔끔하게 타이핑된 문서를 받았다. 양부모님은 미국으로 입양되기 전의 내 출생과 입양에 관한 세부 정보, 즉 내 친부모의 신상이 담긴 문서를 전달받아 가지고 계셨다. 그래서 29년 전에 태어난 나는 당시 친어머니의 얼굴을 기억할 순 없지만, 이름은 알고 있었다.

내가 알고 있는 이름의 여성이 지금 여기 내 앞에 서 있었다. 그런데 친어머니의 외모는 내가 오랫동안 꿈꿔왔던, 마법사처럼 조그맣고 거친 목소리를 가진 나와는 다른 사람 같았다. 나는 적어도 9개월을 그녀의 몸속에서 보냈으며, 그녀는 게놈의 절반을 나한테 물려준 존재였다. 우리 몸은 본능적으로 서로에게 이끌려야 하는데도 그녀는 나와 다른 존재처럼 여겨졌다.

미국 속담에 "네 직감을 믿어라"라는 것이 있다. 재회가 주는 카타르시스에서 벗어나 어느 정도 안정을 되찾자, 내 직감이 내게 말을 걸어왔다. 친부모를 만나러 한국에 오기 몇 주 전, 나는 동방사회복지회에 DNA 검사를 요청했다. 하지만 그곳의 사회복

지사는 상봉을 먼저 하고 검사를 시행해야 한다고 말했다. 그것
이 모두를 위한 가장 편리하고 정중한 방법이라는 것이었다. 나
는 한국 가족들과 만나고 나서 함께 머리카락을 뽑아 작은 비닐
에 담았다. 결과는 2주 후에 나온다고 했다. 유전적 관계의 진위
여부를 확인하기 전에 재회부터 하는 것이 무책임해 보였지만 어
쩔 수 없었다. 잠재적인 친가족과의 만남을 위태롭게 할 순 없었
기에 나는 정서적 위험을 감수해야 했다.

잃어버린 딸이 한국에 돌아오면 무슨 일이 벌어질까? 재회 후
열하루 동안 나는 서울에서 새로운 한국 여동생과 함께 노래방
에 가고 쇼핑을 하면서 지냈다. 여동생의 남자친구를 만났을 때
는 그녀의 보호자가 된 듯한 느낌이었다. 한국인 부모님은 나를
위해 호화로운 생일 파티를 열어주었는데, 친어머니는 아기에게
음식을 먹이는 것처럼 내가 먹는 것을 세심하게 챙겨주셨다. 또
나는 친척들 모임에도 참석했는데, 친아버지는 커다랗고 들뜬 목
소리로 나를 가족들에게 소개하면서, 나를 비롯해 많은 아이가
해외 입양된 것에 대해 나라를 대신해서 사과한다고 말했다. 친
어머니와 함께 사람들이 붐비는 거리를 산책할 때는 다시 잃어버
릴까봐 두려워 친어머니의 손을 꼭 쥔 채 놓지 않았다. 친부모는
되찾을 수 있을 거라고 생각지도 못했던 딸이 건강한 모습으로
나타나자 이제는 편히 쉴 수 있을 것 같다고 말씀하셨다. 나는
그들의 딸이 된 것이 자랑스럽다고 말했다.

그렇게 약속한 2주가 흘러갔다. 하지만 동방사회복지회로부

터의 회신은 오지 않았다. 그렇게 몇 번의 2주가 지나고, 마침내 8주가 되었다. 미국의 양부모님은 "입양 서류에 친부모님 이름이 그대로 기재되어 있었다"면서 나를 안심시켰다. "그분들이 네 친부모가 아닐 가능성은 거의 없어 보여." 양부모님 말이 맞을 것이라고 스스로에게도 확신시켰다. 재회 당시 느꼈던 낯선 '직감'은 사실 더 큰 상실감으로부터 나를 보호하기 위한 방어기제 때문이었을 것이라고 여겼다.

그 메시지는 동방사회복지회나 내 미국인 사회복지사가 아닌 한국인 여동생으로부터 도착했다. 눈물 때문에 여동생이 보낸 문자 메시지를 읽기 어려웠다. 여동생은 우리가 혈연관계는 아니지만 "하늘에서 맺어준 짝이니 걱정하지 말자"고 말했다. 내가 친부모라고 생각했던, 그녀의 부모님은 거의 넋이 나가 있었다. 그녀의 어머니는 상심이 커 아무 일도 못 하고 있었다. 우리는 동방사회복지회와는 별개로 DNA 검사를 다시 했고, 그 결과는 우리가 이미 알고 있던 것을 재확인해주었을 뿐이다. 내가 내 친어머니라고 애써 생각했던 여성은 지금껏 나를 키워준 키 크고 주근깨 있는 미국의 양어머니만큼이나 나에게는 유전적으로 낯선 사람이었다.

"실수로 아이가 바뀐 것 같아요." 동방사회복지회 관계자가 말했다. 기록에 따르면, 같은 날 같은 병원에서 두 명의 여자아이가 태어나 같은 차량에 실려 고아원으로 보내졌는데, 아마도 그 과정에서 서류가 서로 뒤바뀐 것 같았다.

내 입양 기록은 거짓이었다. DNA 검사가 이를 확인해주었다. 미국 부모님이 나에 관해 사실이라고 믿었던 모든 개인 정보는, 미국 시민으로서 내 이름에 남아 있는 한국식 이름을 포함해 전부 잘못된 것이었다. 미국 부모님이 1982년 11월 1일에 나와 같은 날 태어난 다른 아이의 입양 서류를 건네받았다면, 내 입양 서류는 누가 가지고 있을까? 동방사회복지회에서는 기술적인 착오라고 설명했지만, 다른 아이의 서류에 포함되어 있을 진짜 내 정보에 접근할 법적 권한은 내게 없었다. 동방사회복지회에서는 내가 합법적인 방법으로 다시 친가족을 찾기를 바랄 뿐이라고 말했다. 허탈감이 밀려왔다.

나는 서류가 실수로 바뀐 것일 뿐 누군가가 악의적으로 이런 일을 저질렀다고는 생각하지 않았다. 부주의했을 수도 있었다고 본다. 어쩌면 이렇게 기록이 바뀌는 일은 우리가 상상하는 것보다 더 흔하게 일어났는지도 모른다.

그 일이 있고 몇 년 동안 나는 '가짜 친동생'과 정기적으로 연락을 주고받았다. 우리는 '괜찮습니다!' '잘 지내세요?' '사랑해!' 같은 이모티콘을 통해 슬픔을 감추려고 애썼다. 나는 서울에 올 때마다 '가짜 친부모님'을 만나 저녁 식사를 했다. 서로 만나는 일은 쉽지 않았지만, 나는 우리가 혈연관계라고 생각했을 때보다 DNA 검사 결과가 나온 뒤에 그분들과 더 가깝게 지냈다. 우리는 각자 무언가를 빼앗겼다는 유대감으로 뭉쳐 있었다.

한국에서 아이들을 해외로 입양 보냈던 지난 수십 년 동안 실수로 서류가 바뀐 사례는 얼마나 더 있을까? 나는 나처럼 동방사회복지회를 통해 해외 입양되었다가 한국으로 돌아와 엉뚱한 분과 재회했던 또 다른 한국 입양인 로빈을 만났다. 그녀는 DNA 검사로 진실을 알기 전까지 6년 동안이나 가짜 친가족과 만나고 있었다. 우리는 DNA 검사 결과를 비교했고, 서로가 뒤바뀐 것은 아니라는 사실을 확인했다. 하지만 이 일을 통해 우리 사이에는 유대감이 생겨나 지금도 자매처럼 지내고 있다. 우리는 입양인들에게 우리 경험을 들려주면서 DNA 검사를 받도록 권하고 있다. 만약 우리가 재회에 앞서 먼저 검사를 받았더라면 몇 년 동안 겪었던 고통은 없었을 것이다.

최근 서울에서 가짜 친부모님을 만났을 때, 그들은 앞으로는 친딸을 찾지 않겠노라고 고백했다. 그들은 나를 친딸처럼 사랑했고, 내 남자친구와 내 미국 부모님께도 잘 대해주셨다. 우리는 모두 친가족처럼 행복하게 지내고 있다. DNA 검사가 나온 뒤에 서로 모르는 사람들로 돌아갈 수도 있었지만 우리는 그렇게 하지 않았다. 나는 내 직감을 잠재우고, 진실보다는 위안을 얻고 싶었다.

- **이름** Michaela Dietz

- **생년월일** 1982년

- **국적** 미국

- **입양 시 나이** 3개월 2주대

- **한국 입양 기관** 동방사회복지회

- **입양 동의서 포함 여부** 입양 동의서나 경찰 신고서가 입양 서류에 포함되지 않았다.

- **글쓴이** 연기자이자 성우다. 인천에서 태어나 뉴욕 북부의 한 가족에게 입양되었다. 남편, 딸과 함께 귤나무를 기르며 로스앤젤레스에 거주하고 있다.

스무 번째.

내 이야기는
산산이 부서졌다

_말레네 베스테르고르

"너는 고아원 앞 길거리에서 발견되었단다. 네가 새로운 부모에게 보살핌을 받으면서 행복하게 자랄 수 있도록 친부모님이 깊이 배려하신 거지."

나는 이 말을 믿으며 자랐다. 입양 기관에서 내 입양 부모님께 들려준 이야기였다. 새 부모님은 내가 물어볼 때마다 이 이야기를 언제나 기꺼이 반복해주셨다. 나는 이 이야기를 자주 듣고 싶어했다. 왜냐하면 어머니께서 이 말씀을 하실 때마다 친부모가 잘 자랄 수 있도록 나를 배려하셨다고 덧붙이셨기 때문이다. 그 분들은 나를 사랑했지만, 아마 내가 원하는 삶을 살도록 해줄 수는 없었을 거라면서. 그래서 내가 살아남도록, 나를 자신들과 똑같이 사랑해줄 누군가가 데려가서 키우길 바랐을 것이라고.

나는 자라는 동안 주변에서 험한 말을 많이 들었다. 어쩌면 네

친엄마는 매춘부였을지도 모른다는 둥 강간을 당했을지도 모른다는 둥. 그런 말을 아무리 들어도 나는 전부 무시할 수 있었다. 나는 친어머니가 좋은 환경을 마련해주기 위해 나를 포기했던 것으로 알고 있었고, 그렇기 때문에 어떤 말을 들어도 상처받지 않을 수 있었다.

그 이야기가 내게 얼마나 큰 의미를 지녔는지 사람들은 잘 모를 것이다. 나하고 외모가 닮은 사람이라곤 한 명도 없는 덴마크의 작은 마을에서 자라는 동안 그 이야기는 큰 위안이 되었다. 동네 아이들은 나를 자주 괴롭히고 따돌렸다. 부모님과 함께 장을 보러 갈 때면 무심코 내 귀에 들려오는 고약한 말들을 견뎌야 했다. 삼촌과 이모들은 내가 자신들의 진짜 가족이 아니라는 것을 공공연하게 드러내곤 했다. 그럴 때마다 나는 이야기를 들려달라고 어머니께 조르곤 했다. 아이의 안전과 행복이 보장되지 않는 한 어느 누구도 자기 아이를 포기하지 않는다는 이야기를 말이다. 늘 그랬던 것은 아니지만, 나는 힘들 때마다 어머니께 그 이야기를 한 번 더 듣는 것만으로 충분했다. 아니, 그래야만 했다. 왜냐하면 그것이 내가 가진 전부였기 때문이다.

누구나 자기만의 이야기를 간직하며 살아간다. 나의 정체성, 세상에서 나를 표현하는 방식, 나 자신을 바라보는 방식, 내 성격을 구성하는 모든 것이 어머니께 들었던 그 이야기에 기반을 두고 있었다.

하지만 이제 내게 위안을 줬던 그 이야기가 산산이 부서지고 없다. 나 스스로 무가치하다고 느낄 때마다 어머니께 그 이야기를 해달라고 졸랐는데, 이제 더는 그럴 수 없다. 이야기가 사라져버린 지금, 나는 누구인가? 나를 어떻게 정의해야 할까? 지금 나는 자신이 아무도 아닌 것 같고, 내 과거가 사라진 것 같고, 내가 태어난 나라가 더 멀게 느껴지고, 내 친부모가 왜 나를 포기했는지 전혀 알지 못하는데, 이제 어떻게 해야 할까? 나는 이 나라에 속하는 사람이 맞나? 내가 여기 있는 것이 옳은가? 덴마크인 말레네로 살아가는 것이 정말 더 나은 선택이었을까?

한국사회봉사회에서 보내온 이메일에는 내가 한 산부인과에서 태어났으며, 친어머니는 스물일곱 살의 미혼모로 이미 자녀가 한 명 있었고, 내가 태어나기 직전에 친아버지가 떠나버렸다는 내용이 적혀 있었다. 지금껏 들어본 적 없는 정보였다. 내가 가지고 있는 서류 어디에도 친어머니나 형제에 대한 구체적인 언급은 없었다.

새로운 정보는 나를 슬프고 화나게 만들었다. 나는 왜 여태 이 사실을 몰랐을까? 한국사회봉사회는 왜 이 정보를 숨겼을까? 친어머니와 나의 형제는 어디에 살고 있을까? 잘 있을까? 그들의 삶은 어땠을까? 그들은 나를 어떻게 생각했을까? 지금 그들을 찾는다면, 어떤 식으로든 그들을 도울 수 있을까?

이런 질문이 내 마음을 한바탕 휘저은 뒤 어느 정도 정신을 차리자, 이번에는 분노가 지배했다. 그들을 만날 수 있다거나, 찾을 수 있느냐는 별로 중요하지 않았다. 중요한 사실은 내 친어머니

또한 자신의 선택권이 별로 없었을 가능성이 매우 높다는 것이었다. 그리고 한국사회봉사회의 서류 역시 나를 거짓으로 만족시켜 질문을 중단하게 하려 한 또 다른 날조된 이야기일 수도 있다는 생각이 들었다.

내 분노를 가라앉히고 진실을 찾을 수 있는 유일한 방법은 직접 한국을 찾아가보는 것이었다. 한국사회봉사회도, 아동권리보장원NCRC도 내 이메일에 답신을 보내오지 않았다. 그래서 직접 찾아가 내가 쉽게 포기하지 않는다는 걸 보여주고 싶었다. 덴마크에서 한국까지는 긴 여정이었다. 비용이 많이 들고, 사전 계획도 짜야 했다. 그리고 무엇보다 나는 혼자였다. 그때까지 나는 한국을 한 번도 방문한 적이 없었다.

덴마크 입양 커뮤니티에서 한국 방문이 자신에게 어떤 영향을 미쳤는지에 관한 이야기를 많이 들을 수 있었다. 내가 들었던 조언 중에는 감정적으로 큰 격랑에 휩싸일 것이라는 경고도 있었다. 그 때문에 막상 한국에 도착했을 때는 약간 두려웠다. 하지만 곧 내 선택이 올바른 것이었음을 깨달았다. 나는 혼자 한국을 돌아다니면서 많은 것을 보고 경험했다.

덴마크의 입양 기관은 입양 부모들에게 아이들의 이름을 바꾸고 가능한 한 덴마크인으로 키우라고 조언했다. 하지만 내가 자라난 1980년대 후반부터 1990년대까지 덴마크의 작은 마을들은 그렇게 자랄 수 있는 환경이 아니었다. 나는 학교에서 배운 대로 대우받지 못했고, 그들과 나는 다르다는 느낌을 받으며 성장

했다. 이것은 잔인한 경험이었다. 나는 홀로 서울의 거리를 걸으면서 내가 군중 속에서 눈에 띄지 않는다는 사실에 위안을 얻었다. 모두가 같은 모습을 한 사람들 사이에서, 사람들이 훑어보는 시선을 느끼지 않으면서, 그냥 그들과 섞여 있다고 느낄 때가 지금까지 삶에서 한 번이라도 있었던가.

많은 한인 입양인이 내게 경고했다. 한국인은 우리 입양인들이 진짜 한국인이 아니라는 것을 알고 있으며, 아마도 내게 한국어로 말을 걸지 않을 것이고, 우리는 그들 속에서도 여전히 눈에 띌 것이라고. 그런데 한국에 왔을 때 나는 그런 느낌을 전혀 받지 못했다. 나는 다른 사람들과 조화를 이룰 수 있다고 느꼈고, 작은 소속감까지 생겨났다. 솔직히 이런 감정은 기대하지 않았던 것이다.

물론 한국 여행이 위안을 주기만 했던 것은 아니다. KSS에서는 내 산부인과 정보가 사실이 아닐 가능성이 높다고 말했다. NCRC에서는 DNA 검사가 일반적으로 별 도움이 되지 않는다면서 검사를 거부했다.

KSS 방문은 여러 면에서 당황스러웠다. 나는 코펜하겐을 떠날 때부터 그들에게 별로 도움을 받지 못할 거라는 정보를 들었지만, 그들은 예상보다 더 차가웠고, 진실은 더 냉혹했다. 나는 모든 꿈이 무너지는 듯한 느낌을 받았다. 나는 당시 그들에게 조그마한 돈벌이 상품에 불과했고, 지금은 그저 귀찮은 존재일 뿐이었다.

한국 방문은 내게 이상한 경험이었다. 내가 태어났고, 살았어야 하는 나라를 단 12일간 방문하고, 그 나라와 내가 연결되어 있다고 느낄 수 있다는 게 이상하지 않은가. 많은 입양인은 한국과 연결된 느낌을 받았다고 말한다. 그럴 수 없으면 더더욱 마음 아플 것이기에 어떤 식으로든 연결점을 찾으려고 한다. 하지만 나는 서두르지 않을 작정이다. 여전히 내가 누구인지 모르고, 서울에서 12일을 보냈는데도 이전처럼 여전히 한국적이지 않다. 나는 덴마크인에 더 가깝다.

앞으로는 자신이 누구인지 알 권리를 박탈당한 채 자라나는 사람이 없기를 바란다. 나는 내가 누구인지 알고 싶고, 선택권을 갖고 싶고, 진실에 뿌리를 둔 내 삶의 위안거리를 만들고 싶다. 나는 진실을 찾기 위한 요구를 멈추지 않을 것이다.

- **이름** Malene Vestergaard
- **생년월일** 1982년
- **국적** 덴마크
- **입양 시 나이** 3개월대
- **한국 입양 기관** 한국사회봉사회
- **입양 동의서 포함 여부** 입양 동의서나 경찰 신고서가 입양 서류에 포함되지 않았다.
- **글쓴이** 전문 교육을 받은 셰프로 미슐랭 레스토랑 Formel B에서 근무했다. 파트너와 함께 코펜하겐에 살고 있다.

스물한 번째.

친어머니가 저를 버린 이유에 대해 많이 생각해봤습니다

_안야 케르 콜

제 한국 이름은 김선자이고, 덴마크 이름은 안야 케르 콜입니다. 저는 1975년 4월에 덴마크로 입양됐습니다. 코펜하겐 공항에서 덴마크 부모님과 처음 만났죠. 생후 8개월 때였습니다. 한국 서류에는 제가 고아라고 적혀 있었습니다. 그게 사실인지, 입양을 위해 꾸민 내용인지는 알 수 없습니다. 미혼모라는 사실이 부끄러워서 저를 버린 것일까요, 아니면 동의 없이 부모님에게서 납치하거나 훔쳐 해외로 입양 보낸 것일까요?

현재 제 나이는 마흔여덟입니다. 저는 오랫동안 저 자신을 받아들이려고 노력했습니다. 겉모습은 한국인이지만 내면은 덴마크인이라는 제 유산을 말이죠. 그건 동시에 한국인 어머니와 아버지, 제 가족, 제 조국, 언어, 문화, 그리고 정체성을 잃어버린 시간이기도 했죠. 저는 항상 제가 고아라고 믿으며 자랐습니다. 생

후 3개월 때 홀트입양센터로 보내졌죠. 그런데 저는 누가 낳았을 까요?

덴마크 부모님은 아마도 한국인 부모님이 가난해서 저를 키울 수 없었을 거라고 말씀하셨습니다. 그래서 제가 다른 곳에서 더 나은 삶을 살 수 있도록 기회를 주신 것이라고요. 이게 부모님께 들었던 이야기입니다. 하지만 서류상의 정보는 제가 지금까지 믿 어온 것과 달랐습니다.

저는 친어머니가 저를 버린 이유에 대해 많이 생각해봤습니 다. 특히 저 자신이 엄마가 된 이후에 말이죠. 저는 어떤 경우라 도 제 아이들을 포기할 수 없을 것 같습니다. 절대로요. 저는 늘 친어머니에 관해 생각해왔고, 2018년부터는 적극적으로 그분을 찾아나섰습니다. 너무 늦지만 않는다면, 저는 그분이 어떤 이유 로 저를 버렸든 용서한다고 말할 것입니다. 그분이 자의로 저를 입양 보내는 데 동의했더라도 말입니다. 저는 또한 친어머니와의 만남이 저에게뿐만 아니라 그분의 내면에도 평화를 안겨줄 것이 라고 생각합니다.

불법 입양, 친부모의 동의 없는 입양, 한국 아동의 조직적인 해 외 입양, 입양 배경을 알리지 않는 인권 침해, 그리고 입양 산업이 사실상 종교적·정치적·권위주의적 권력의 비호 아래 이뤄지고 있다는 새로운 정보들이 이제는 서서히 확인되고 있습니다.

안타깝게도 덴마크의 유일한 해외 입양 기관인 덴마크국제입 양DIA과 홀트입양센터에 있는 제 서류에 기재되어 있어야 할 내

용이 없다는 사실을 알게 되었습니다. 입양에 관한 친부모의 동의서도, 제가 어디에서 발견되었는지에 대한 경찰 보고서도 없었습니다. 서류에 따르면 제게는 아마 심장 문제가 있었던 듯합니다. 홀트는 어떻게 심장에 문제를 안고 있는 아이를 그렇게 먼 곳으로 보낼 생각을 했을까요? 저를 잘 보살펴주셨던 덴마크 부모님께서도 제 상태를 보고는 큰 충격을 받으셨죠. 그분들은 양국의 입양 기관과 당국이 규칙을 준수하고 아동의 이익을 돌본다고 믿으셨으니까요.

저는 2003년에는 아들 매스를, 2011년에는 딸 소피를 낳았습니다. 아이들의 눈을 통해 저를 볼 수 있었고, 저와 닮은 사람이 존재한다는 데서 처음으로 내면의 평화를 느꼈습니다.

2015년에 부모님과 저는 두 아이와 함께 처음으로 서울을 방문했습니다. 제가 태어난 나라를 찾아 문화·음식·언어를 접하고, 또 저와 닮았지만 저와는 다른 한국인들과 만난 일은 잊지 못할 경험이었습니다. 홀트도 방문했지만, 불행히도 제 서류에 대한 새로운 정보를 얻을 수는 없었습니다. 집으로 돌아갈 날이 다가오면서 저는 여러 밤을 슬픔에 잠긴 채 보냈습니다. 한국에 내 일부를 두고 가는 듯했고, 동시에 만나지 못한 누군가와 작별해야 한다는 생각이 들었습니다. 제 친어머니, 한국의 제 가족들과 말이죠.

지금 저는 운명을 받아들이고 있습니다. 하지만 언젠가는, 너무 늦기 전에, 저와 제 아이들이 한국의 가족을 만날 수 있을 거라는 희망을 여전히 간직하고 있습니다.

- **이름** Anja Kær Kold

- **생년월일** 1974년

- **국적** 덴마크

- **입양 시 나이** 8개월대

- **한국 입양 기관** 홀트

- **입양 동의서 포함 여부** 입양 동의서나 경찰 신고서가 입양 서류에 포함되지 않았다.

- **글쓴이** 변호사이자 두 자녀의 엄마다. DKRG 운영자이며 공법, GDPR 및 형법 전문가다.

스물두 번째.

우리는
속았습니다

_비타 케르 콜, 아이네르 케르 콜

우리는 1975년에 생후 8개월 된 김선자라는 여자아이를 입양한 덴마크 입양 부모입니다. 우리는 아이에게 덴마크식으로 안야라는 이름을 지어주었습니다. 최근에 우리는 딸아이가 한국에서 다른 덴마크 입양인들과 함께 자신의 출생 배경 및 친생 가족과 관련된 진실을 찾기 위해 투쟁하고 있다는 사실을 알게 되었습니다. 사랑하는 딸이 한국의 진실화해위원회에 소송을 제기한 것입니다. 우리 부부는 딸의 용기와 강인함이 매우 자랑스럽습니다.

서류에 따르면 딸은 버려진 아이였고 생후 3개월 무렵에 홀트입양센터로 보내졌습니다. 우리 딸과 관련된 이 모든 정보가 거짓일 수도 있다는 점, 즉 우리 아이를 애타게 찾는 친생 부모나 가족이 있을지도 모른다는 점을 알게 되어 정말 큰 충격을 받았

고 슬픔에 휩싸였습니다. 이로 인해 입양이 올바르고 합법적인 절차를 통해 이뤄졌을 것이라는 우리 인식은 완전히 바뀌었습니다. 우리는 속았습니다.

입양인의 진실이 허위 서류로 조작되었고, 관계자들이 범죄 행위를 통해 입양시키고자 대대적으로 아이들을 '조달'했다는 사실에 마음이 몹시 아픕니다. 이것은 반인륜적이며 도무지 이해하기 어려운 상황입니다.

우리는 사랑스러운 딸을 키울 수 있었다는 사실을 큰 축복으로 여기며 살았습니다. 또한 여느 부모들과 마찬가지로, 우리 부부에게 세상에서 가장 완벽한 딸과 사랑스러운 두 손자가 있어서 행복해하며 살고 있습니다. 우리는 안야를 기르기 위해 최선을 다했으며, 모든 사랑을 쏟아부었습니다. 우리는 안야의 행동을 지지하며 응원합니다.

우리는 딸이 진실을 찾을 수 있기를, 그래서 너무 늦기 전에 딸과 손자들이, 어쩌면 우리 부부까지도 안야의 친생 가족과 만날 수 있기를 바랍니다. 언젠가 안야의 한국인 부모님을 만난다면, 우리는 그분들에게 안야가 어려서 이별을 경험했음에도 불구하고 잘 살아왔으며, 자랑스러운 어른으로 성장했다고 말씀드리고 싶습니다.

- **이름** Vita Kær Kold, Ejner Kær Kold

- **생년월일** 1945년(부), 1946년(모)

- **국적** 덴마크

- **글쓴이** 입양 부모로 안야 케르 콜을 1975년에 입양했다. 비타는 기업가로 기업을 운영했고, 아이네르는 엔지니어였다. 둘 다 은퇴해 덴마크 적십자사에서 자원봉사를 하고 있다.

스물세 번째.

성북동 골목을 돌아다니며
어머니를 떠올리다

_제인 마이달

서울의 7월 무더위를 피해 시원한 지하철을 타고 성북동 산동네의 구불구불한 골목길로 향했다. 열 살짜리 딸아이는 평소와 달리 조용했다. 지독한 더위에 지쳐서 그런가보다 싶었는데 아이가 나를 쳐다보며 말했다. "엄마, 엄마랑 닮은 아줌마를 찾고 있어요." 아이는 잠시 멈칫하다가 한마디를 덧붙였다. "나를 닮은 아줌마도요. 언젠가 할머니를 만날 수 있다면 좋겠어요."

입양 서류에 따르면 나는 서울 성북동에 위치한 휘락원이라는 기관 앞 길거리에서 담요에 싸인 채 발견되었다. 지금은 더 이상 존재하지 않는 거기가 어떤 곳이었는지 나는 모른다. 1976년 5월 6일, 누군가 나를 발견해 '성북 암 파출소'라는 곳으로 데려다주었다. 생후 3주쯤 되었을 때다. 그리고 이제 나는 엄마의 입양에 대해, 또 잠재적인 할머니에 대해 궁금해하는 딸아이와 함께

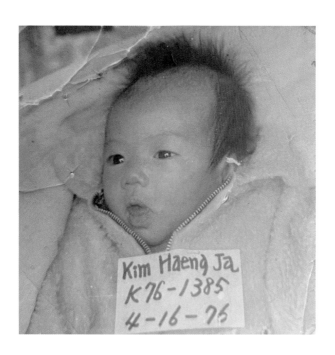

한국으로 돌아왔다. 내 서류가 몹시 부실했던 터라 우리가 가진 정보라곤 파출소 이름 말고는 아무것도 없었다. 따라서 우리는 최대한 머리를 짜내서 성북동의 오래된 곳들을 돌아다니기 시작했다.

출산하고 딸아이 얼굴을 봤을 때, 나는 내 인생에서 처음으로 가족을 만났다는 느낌이 들었다. 아이가 태어나기 전까지는 한국에 대해 생각해본 적이 한 번도 없었다. 백인 커뮤니티에서 자라면서 무심코 인종차별을 받긴 했지만 내 배경에 대해서 생각해본 적은 없다. 아니, 그럴 필요성을 느끼지 못했다. 내 삶은 1977년 1월 덴마크행 편도 티켓 한 장으로 시작됐으니까. 나는 딸을 낳고서야 한 번도 가족을 만난 적이 없다는 사실을 깨닫고는 충격을 받았다. 나는 서른다섯이었고, 그때까지도 한국이나 내 배경에 대해 아는 것이 전혀 없었다. 이제 나도 엄마가 됐으니, 나를 낳은 어머니를 찾을 시간이 얼마 남지 않았다는 조급함이 들었다.

나는 입양 기관인 홀트아동복지회로부터는 별 도움을 받을 수 없다는 것을 빠르게 깨달았다. 대신 조사 과정에서 해외 입양인을 위한 온라인 포럼을 알게 되었다. 이 포럼에서 사람들과 교류하면서 나는 뭔가 잘못되었다는 것을 서서히 알아차렸다. 그때까지 나는 한국으로부터의 해외 입양이 한국전쟁 이후의 비참함과 빈곤에서 비롯된 불가피한 인도주의적 노력의 산물이라고 알고 있었다. 하지만 입양인들과 만나면서 궁금한 것이 하나둘 늘기 시작했다. 많은 나라가 위기를 겪었는데, 왜 유독 한국만 20만 명에 이르는 아기를 해외로 입양 보냈을까? 한국은 왜 엄청난 경제 발전을 이룬 시기에도, 그리고 한국전쟁이 끝난 지 한참 지난 이후에도 그렇게 많은 아기를 해외로 보냈을까?

나는 한국 입양의 어두운 면을 많이 알게 되었다. 내가 접한 사연은 몹시 끔찍했던 터라 나는 한국의 해외 입양에 대한 연구에 전념하기로 마음먹었다. 그 과정에서 입양 절차를 간소화하기 위해 기록이 위조되었으며, 이 때문에 많은 서류상의 고아가 생겨났다는 사실을 알게 되었다. 나는 입양 기관과 대한민국 정부가 해외 입양을 통해 막대한 경제적 이득을 얻었다는 사실도 알게 되었다. 부모의 동의 없이 입양이 이뤄지거나, 입양을 위해 아이를 훔치는 등의 비상식적인 방식이 동원된 사례를 발견했을 때는 큰 충격을 받았다. 그러나 무엇보다 나를 끝없이 괴롭혔던 것은, 미혼모를 기피하고 결혼 여부나 경제적 상태로 부모의 자격을 판단하는 사회에서 많은 어머니가 수치심과 낙인, 학대를 견디지 못한 채 아기를 포기하도록 강요당했다는 사실이다. 호기심 많은 딸에게 이 사실을 완곡하게 말해주었는데, 딸아이는 가슴 아파하면서 울음을 터뜨렸다. "그건 너무 불공평하고 불필요한 일이잖아요. 왜 결혼하지 않았다는 이유로 아이를 잃어야 해요? 한국 정부는 엄마들이 아이를 키울 수 있도록 도와주지 않나요?"

나는 딸아이와 함께 성북동의 오래된 빈민가 골목을 돌아다

니면서 어머니에 대한 상상을 키웠다. 어떤 한 집을 고른 뒤 상상력을 발동시키는 것이다. 저 언덕 위 파란 지붕이 있는 집에서 내가 태어났을 거라고 그려보는 식이다. 상상 속 어머니는 내 딸아이의 마음을 아프게 했던 그런 젊은 미혼모 가운데 한 명이었을 것이다. 나를 혼외로 낳은 어머니는 가족에게서 버림받고 혼자서는 도저히 아기를 키울 수 없어서 나를 포기했을 것이다. 나는 의료 기록을 통해 내가 발견되었을 당시 심한 구내염을 앓고 있었다는 사실을 알게 되었다. 구내염은 일반적으로 어머니가 수유 기관의 염증을 앓고 있을 때 모유 수유로 인해 생긴다. 그것은 어머니로서는 매우 고통스러웠을 것이다. 내 어머니는 홀로 나를 키우면서 수유할 때마다 극심한 고통을 겪었을 것이다. 그렇게 최선을 다하다가 결국 나를 포기하면서 오열했을 것이다. 내가 발견되었을 때 심한 구내염을 앓고 있었다는 사실은, 아이러니하게도 내가 가지고 있는 어머니를 찾기 위한 유일한 증거다.

　나는 딸아이에게 전 세계의 많은 입양인이 한국의 중요한 위치에 있는 사람들에게 우리 어머니들의 삶을 어둠과 오해, 억압의 그늘에서 벗어나게 도와달라고 요청한 사실을 설명해주었다. 그러면서 할머니를 만날 수 있을지는 확신 못 하겠다고 말했다. 나와 딸아이의 할머니 찾기는 계속되겠지만 시간이 얼마 남지 않았다. 만약 만날 수 있다면, 나와 딸아이는 아기를 잃은 것이 그분의 잘못이 아니었다고 말씀드릴 것이다.

- **이름** Jane Mejdahl

- **생년월일** 1976년

- **국적** 덴마크

- **입양 시 나이** 9개월대

- **한국 입양 기관** 홀트

- **입양 동의서 포함 여부** 입양 동의서나 경찰 신고서가 입양 서류에 포함되지 않았다.

- **글쓴이** 사회인류학 및 아시아 연구 석사 학위를 취득했으며 경영 컨설턴트다.

스물네 번째.

엄마를 찾지 못하는 건 세상에서
가장 힘든 일이에요

_카렌 필리프 아르베센

저는 카렌 필리프 아르베센이며, 한국 이름은 김녹심입니다. 나이는 마흔여섯이고, 한국에서 입양됐습니다. 사실이 아닐 수도 있는 제 이야기는 1977년 5월 17일, 서울 북쪽에 있는 고양시의 한 길모퉁이에서 시작됩니다. 당시 저는 태어난 지 나흘이 되었고, 몸무게는 2.8킬로그램, 키는 46센티미터였습니다.

저는 어렸을 때부터 늘 제 잃어버린 조각이라고 여겼던 가족을 갈망해왔습니다. 하지만 제 배경에 대해 조사하기 시작한 것은 성인이 되고 나서입니다. 그 까닭은 여러 가지가 있지만, 가장 큰 것은 그런 행동이 사회적으로 허용되지 않는다고 느꼈기 때문입니다. 이런 인식은 제 입양 가족과 지역사회로부터 비롯된 것입니다. 사람들은 대개 빈곤과 암울한 운명에서 구원받은 입양아에 대한 긍정적인 이야기를 선호합니다. 하지만 제가 알고 있

는 한 그런 이야기는 사실이 아닙니다. 아이를 구해 부유한 서양
으로 데려온다는 서사에서는 입양아가 겪는 상실감이 드러나지
않습니다. 적어도 저는 그렇게 느꼈습니다. 저는 사랑하는 가족
을 잃었을 수도, 언어와 문화, 그리고 다시는 되찾을 수 없는 정체
성을 상실했을 수도 있습니다. 그 대가로 저는 어디에도 잘 스며
들지 못한다는 느낌과 영원히 떨칠 수 없는 공허함, 혹은 우울함
을 얻었습니다.

　제 서류에는 세 장의 사진이 첨부되어 있습니다. 한 장은 생
후 5주 때, 두 장은 생후 7개월 때 찍은 것입니다. 첫 번째 사진에
는 오른쪽 정강이에 반점과 문신이 있습니다. 반면 7개월 때 찍
은 사진에는 아무것도 없습니다. 제 기록에는 그와 관련된 정보
가 나와 있지 않습니다. 지금 제 정강이에도 아무런 흔적이 없습
니다. 사진 속 제 모습이 서로 달라 혹시 제가 바뀐 것은 아닌지
걱정됩니다. 제가 처음 발견된 생후 나흘째부터 7개월 사이 무슨
일이 벌어진 걸까요? 덴마크로 보내지기 직전에 바뀐 것일 수도
있는데, 그렇다면 저는 친가족을 찾을 수 있을까요?

　입양이 우리 가족에게 미친 영향에 대해 가족들과 이야기를
나눠봤습니다. 먼저 다섯 살인 아바와의 대화입니다.

아바 (홀트 방문 후 만났을 때) 엄마, 엄마는 찾았어?

나 아니.

아바 왜요?

나   왜 그런지 나도 모르겠어.

아바   (울면서) 엄마가 안됐어요. 엄마를 찾지 못하는 건 세상에
      서 가장 힘겨운 일이에요.

다음은 아바가 일곱 살 때 나눈 대화입니다.

아바   이제 엄마를 찾았어요?

나   아니.

아바   왜요?

나   나도 모르겠어.

아바   (울면서) 이제 더 이상 말하지 마요. 누가 무슨 이유로 아
      이들을 엄마에게서 떼어놓나요?

다음은 열여섯 살인 올리비아의 의견입니다.

저는 일상에서 인종차별을 수없이 겪었어요. 엄마는 한국에서 입양
되셨기 때문에 제 외모는 아시아인과 비슷합니다. 덴마크처럼 국민
의 대다수가 백인인 나라에서 이런 외모로 성장하면 때때로 난관에
부딪힙니다. 남들과 어울리면서 외모 때문에 시선을 받고 싶지 않았
던 십대 초반에는 "너도 덴마크인이냐?"는 질문을 받는 것이 너무 힘
들었습니다. 그때의 제 느낌을 알고 싶다면, 남과 다른, 혹은 남에게
는 없거나 남들은 하지 않는 자신만의 무언가를 떠올려보세요. 어쩌

면 당신 마음에 들지 않을 수도 있습니다. 이제는 누군가와 이야기하거나 새로운 사람과 만날 때마다, 또는 일상생활에서 누군가가 당신이 별로 좋아하지 않을 수도 있는 당신의 특징이나 자질에 대해 끊임없이 언급한다고 생각해보세요. 꼭 악의적인 반응이 아니더라도, 당신이 자신들과 다르다는 이유로 커뮤니티에 완전히 속하지 못한 사람처럼 취급하는 이들을 상상해보세요. 그런 일이 계속 일어나면 결국에는 자신도 믿게 되죠. 특히 저는 겉모습만 아시아인이었기 때문에 그런 말을 듣는 게 정말 힘들었어요. 어디서 왔는지도 모르고, 특별한 친척에 관한 영웅적인 이야기도 없으며, 우리의 다른 외모와 관련된 전통도 없으니까요.

다음은 열세 살인 에스터의 의견입니다.

저는 엄마를 많이 닮았어요. 귀나 코만 조금 닮은 게 아니에요. 엄마의 다섯 살 때 사진과 제 다섯 살 때 사진을 보면 거의 차이를 발견하기 어렵습니다. 제 눈이 조금 더 크지만, 저도 엄마처럼 약간 처진 눈을 갖고 있어요.
언니 올리비아와 동생 아바는 아빠를 많이 닮았지만, 저는 아시아인처럼 생겼습니다. 아빠는 할머니를 많이 닮았어요. 그래서 언니와 동생은 아빠나 할머니와 생김새가 비슷합니다. 아빠에게는 두 명의 형제가 있습니다. 한 명은 할아버지를 닮았고, 다른 한 명은 할머니를 닮았는데, 둘은 서로를 많이 닮기도 했어요. 외모뿐만 아니라 성격까지도요.

174

얼마 전 아빠네 사촌 동생 집안에 행사가 있어서 참석했는데요, 그 집의 두 여동생도 서로 꼭 닮았더라고요. 엄마를 빼면 저와 닮은 사람이 또 누가 있는지 알고 싶어요. 엄마와 저는 기억력이 아주 좋아요. 아빠와 언니, 동생은 서로 비슷한 부분이 많고요. 우리 가족 중에 저와 비슷한 사람이 더 많아졌으면 좋겠어요.

다음은 마흔네 살인 예페의 의견입니다.

저는 자신의 뿌리를 안다는 것이 얼마나 큰 의미인지에 대해 생각해 본 적이 없습니다. 적어도 1800년대까지 제 뿌리를 추적할 수 있는 저로서는 그것의 중요성을 체감하기가 어려울 수 있습니다. 하지만 카렌은 뿌리의 부재에 따른 깊은 상실감을 지닌 채 살고 있습니다. 원가족과 헤어지지 않았더라면 어땠을까 하는 그리움을 늘 품고 있는 것 같습니다. 그녀는 자신이 어디에 속해 있는지 모르겠다는 정체성의 위기를 겪고 있어요. 카렌의 감정은 자신의 뿌리를 모르는 데서 오는 상실의 슬픔이자, 자신의 생물학적 뿌리를 알 기회를 얻지 못하는 데서 오는 슬픔이기도 하죠. 그녀의 갈망대로 그녀가 원가족과 만나고, 자신의 근원에 대해 알 수 있기를 바랍니다.

이제는 마흔여섯 살인 저, 카렌의 의견입니다.

저는 2019년에 DNA 검사를 통해 생물학적 사촌을 찾아냈습니다.

많은 사람은 겨우 사촌이냐고 반응할 수도 있겠지만, 제게는 생명줄과도 같습니다. 그녀가 존재한다는 것은 제가 아무 데서나 나온 사람이 아니며, 제게도 과거의 흔적, 가족의 흔적이 있다는 것을 의미하니까요. 우리는 올해 오하이오에서 만날 예정입니다. 제 사촌도 입양되었습니다. 그녀를 찾게 되어 기쁘면서도 한편으로는 그 관계가 제 모든 기대와 욕구에 부응하지 못할까봐 두렵기도 합니다. 순진한 생각이지만, 사촌과 저는 누구도 앗아갈 수 없는 특별한 유대감을 갖고 싶습니다. 저와 마찬가지로 그녀 또한 어린 시절과 젊은 시절을 모두 잃었습니다. 우리 입양인들은 우리가 너무 어려서 말로 표현할 수 없었던 시기에 우리에게 무슨 일이 일어났는지 알아야 하고, 친척들과 재회해야 하며, 다시는 그런 역사가 반복되지 않도록 해야 합니다.

- **이름** Karen Philipp Arvedsen(한국 이름: 김녹심Kim Nok Sim)

- **생년월일** 1977년

- **국적** 덴마크

- **입양 시 나이** 7개월대

- **한국 입양 기관** 홀트

- **입양 동의서 포함 여부** 입양 동의서나 경찰 신고서가 입양 서류에 포함되지 않았다.

- **글쓴이** 남편, 세 딸과 함께 덴마크 코펜하겐에 살고 있다. 치열교정의로 일하고 있다.

스물다섯 번째.

26년이 지난 지금 우울감과
무력감이 밀려옵니다

_요안 랑

"김영삼은 퇴진하라, 퇴진하라, 퇴진하라!"

그들은 서로의 팔에 깍지를 낀 채 붉게 물들어가는 석양 아래서 외치고 있었습니다. 연세대 정문 앞은 전투복 차림의 경찰들과 분노에 차서 구호를 외쳐대는 학생들이 대치하는 전쟁터 같았습니다. 저는 지그재그로 발걸음을 옮기면서 그들의 얼굴과 옷차림을 살펴봤습니다. 양쪽 다 저처럼 평범한 젊은이들이었습니다. 그들은 제가 지금껏 살아오면서 들었던 한국인이 아니었습니다. 저는 입양되지 않았더라면 지독한 가난을 이기지 못해 성매매 여성으로 살아야 했을 거라는 이야기를 들으며 자랐습니다. 그런데 제 눈에 비친 그들의 모습은 매혹적이었습니다. 동시에 저는 속았다는 생각이 들었습니다. 그들 중 일부는 얼굴에 스카프를 두르고 있었는데, 처음에는 그들이 감기에 걸렸다고 생각했죠. 제 코와 눈으로 최루 가스를 느끼고서야 그들이 스카프를 두른 이유를 알 수 있었습니다.

1997년, 제가 한국을 처음 방문했을 때의 풍경이 그랬습니다. 바로 전날 한국에 도착한 저는 하룻밤 묵을 숙소를 찾기 위해 배낭을 메고 신촌 주변을 돌아다니고 있었습니다. 한국 안내 책자에 적힌 대로 사람들에게 말을 걸었지만, 그들은 제 발음을 알아듣지 못했습니다. "무슨 말인지 모르겠어요!" 그들은 몇 번이고 되물었습니다. 저는 고등학교 동창으로 한국에 살고 있는 미아가 전날 밤 가르쳐준 몇 마디 말고는 한국어를 전혀 못했습니다. "감사-함닙장." 길거리 포장마차에서 떡볶이로 첫 끼를 해결한 뒤 제가 말했죠. "아니, '감사-합니다'라고 해야 해." 미아가 내 발음을 고쳐주자, 포장마차 아주머니가 웃으며 국물 한 국자를 더 얹어줬습니다. 한국인에게 우리 존재는 아주 낯선 듯했습니다. 음식을 공짜로 주거나 물건 값을 깎아주는 사람이 많았고, 동정 어린 시선도 여러 번 느꼈습니다. "아…… 입양아!" 이러면서요.

저는 연세대 학생이 아니었지만, 신촌은 한국에 머무는 내내 제 거점이 되었습니다. 거기서 저는 독일, 영국, 스웨덴, 미국에서 온 다른 입양인들과 만났습니다. 우리는 마치 자기도 모르는 질문의 해답을 찾기 위해 모여든 사람 같았습니다. 햇볕이 내리쬐는 낮에는 국제 기숙사 앞 계단에 앉아 인생 이야기를 나눴습니다. 언제 입양됐어요? 어디서 자랐나요? 가족은 찾았어요? 어떻게 찾았어요? 그리고 밤이 되면 진짜 한국인들과 어울려 술잔을 기울였습니다. 젊은 한국 여성들은 마른 몸매에 펜슬 스커트와 굽 높은 구두를 신고 있었고, 젊은 한국 남성들은 폴로 셔츠 차림에 구두를 신고 있었습니다. 어둠이 내리고 알코올이 들어가면 우리 모두는 서로 부둥켜안고 불빛 환한 거리를 서성이곤 했습니다.

살면서 그렇게 많은 한국인과 만난 적은 없었습니다. 어릴 때부터 제 주위에 한국인이라곤 저와 여동생밖에 없었으니까요. 나이 든 한국인도, 젊은 한국인도 본 적이 없습니다. 한옥을 본 적도, 한식을 먹어본 적도, 한국어를 들어본 적도 없습니다. 심지어 제 한국 이름을 어떻게 발음하는지도 몰랐습니다. 한국에 관한 모든 것이 처음이어서, 전부 다 경험해보고 싶다는 생각에 밤잠을 이루지 못했습니다. 입양인이 혼자가 아니라는 사실을 처음으로 느꼈습니다. 미국 중서부에서 자랐든, 덴마크의 허름한 지방 도시에서 자랐든, 입양인들은 서로 비슷한 경험을 하고 어려움을 겪었다는 사실을 알게 되었습니다.

우리는 최선을 다해 서로를 도왔습니다. 우리는 네트워크를 만들고, 각자가 아는 지식을 공유했습니다. 홀트는 어디에 있나요? 버스는 어떻게 타나요? 당시에는 아직 입양인 커뮤니티가 없었습니다. 해외 입양인들을 위한 지원 단체인 해외입양인연대 G.O.A.L.나 뿌리의집KoRoot이 생기기 전이었고, 입양 기관에는 입양 후 업무를 처리하는 부서조차 없었습니다. 입양 기관에서 일하는 사회복지사들은 제가 가족에 대한 정보를 요청하러 찾아

갔을 때 놀란 나머지 의자에서 떨어질 뻔했습니다. 그들은 한 번도 그런 요청을 받아본 적이 없다고 했습니다. 영어를 할 줄 아는 사람이 없어서, 저와 대화할 수 있는 직원을 찾는 데만 한 시간쯤 걸렸다고 했습니다. 미팅이 끝난 후 우리는 함께 사진을 찍었는데, 두 명의 사회복지사가 이상하게도 제 손을 꼭 잡았던 기억이 남아 있습니다.

26년이 지난 지금, 그때를 떠올리면 왠지 모를 우울감이 밀려옵니다. 이런 우울감은 성인이 된 입양인들이 입양 시스템과 맞닥뜨리면서 느끼는 끔찍함, 무력감, 피로감과 빠르게 뒤섞여 수십 년에 걸쳐 서서히 윤곽을 드러내고 있는 무언가와 연관돼 있습니다. 입양 시스템이 실제로 어떻게 작동하는지, 입양 기관과 당국이 이를 어떻게 관리했는지에 대한 충격적인 증거들이 퍼즐 조각처럼 하나둘 드러나고 있습니다.

아동 납치나 전문적인 아동 모집원의 활동이 존재했다는 증거가 있습니다. 한국의 산모들을 속이고 아이를 입양 보내는 대가로 수백만 달러가 오갔다는 증거도 있습니다. 우리 입양인들은 해외 입양이라는 거대한 정치적 거래를 위한 상품이었습니다.

국가 기관도 이런 상품 거래에 개입되어 있었습니다. 이름과 생년월일을 비롯한 서류 위조와 출국 날짜 변경 등이 조직적으로 이뤄졌습니다. 입양 기관은 보호자가 아닌데도 보호자 역할을 했습니다. 그들은 우리가 성인이 되어 가족을 찾으러 돌아왔을 때 아무런 정보도 제공하지 않았습니다. 그들은 우리가 본인의 서류에 접근하는 것을 거부하거나, 문의에 응답하지 않거나, 지키지 못할 약속을 함으로써 우리를 지치게 만들었습니다.

지금까지 약 25만 건의 해외 입양이 있었습니다. 이후 덴마크를 비롯한 여러 입양 수용국에서는 수많은 사람의 고통스러운 삶이 이어지고 있습니다. 우리뿐 아니라 입양으로 자녀를 잃은 한국의 가족들 역시 피해자입니다.

아이들이 유럽이나 미국에서 자라는 게 더 낫다는 서구의 오만한 생각은 시간이 흘러 많은 입양인이 자신이 겪은 인종차별과 폭력, 학대를 고발할 용기를 내면서 사라졌습니다. 많은 입양인이 국제적으로 사회적 실험 대상이 되었고, 그 결과물로 비인간화라는 정서적 고갈 상태에서 벗어나고자 스스로 목숨을 끊었습니다. 어떤 아이도 자신의 가족, 친족과 헤어져 지구 반대편의 낯선 이들에게 보내지는 것을 원치 않습니다. 입양은 결코 우리의 필요를 충족시키지 못했고, 우리 중 많은 사람의 삶을 완전히 뒤바꿔놓았습니다.

한국을 처음 방문한 이래로 저는 다양한 방식으로 입양 문제와 관련된 일을 해왔습니다. 활동가로서, 예술 창작과 글쓰기를 통해, 그리고 입양 치료사로서 입양인을 위한 정의로운 싸움을 계속하고 있습니다. 하지만 개인적으로는 30년 가까이 한국의 가족을 찾지 못하고 있으며, 이는 제 인생의 응어리로 남아 있습니다. DNA 분석, TV 프로그램 출연, 소셜 미디어 광고, 입양 기관 정기 방문 등 수많은 노력을 했음에도 지금까지 저는 가족을 만나지 못했습니다. 제 서류에 접근할 수도, 한국 가족의 이름을 알 수도 없습니다. 한국을 방문할 때마다 고아원 이름, 새로운 생년월일, 위탁모의 이름 등 제 입양 전 정보가 조금씩 늘어났습니다. 하지만 입양 기관은 위탁모가 사망했다는 확신이 든 후에야 이름을 알려줬습니다. 새롭게 알아낸 주소는 더 이상 존재하지 않는 곳이었습니다. 저는 지금 미로에 갇힌 채 원하지도 않는 임무를 수행하는 비자발적 요원이 된 듯한 기분입니다.

저는 두 달 반의 한국 여행을 끝내고 귀국 날짜가 다가오자 집에 돌아가기 싫어서 울었습니다. 내 집이 어디인지도 모르는 지금의 상황이 슬퍼서 울었고, 한국과 덴마크가 너무 멀어 언제 또 올 수 있을지 몰라서 울었습니다. 입양은 우리 삶의 조건입니다. 입양인들은 국가, 언어, 문화, 가족 간의 먼 거리를 헤쳐나가는 방법을 배우면서 스스로를 견뎌내고 있습니다. 제가 울었던 이유는 무엇보다 이런 점을 서서히, 이제는 깨달았기 때문입니다.

- **이름** Joan Rang Christensen aka Park, Yung Rang

- **생년월일** 1976

- **국적** 덴마크

- **입양 시 나이** 12~15개월대

- **한국 입양 기관** 홀트

- **입양 동의서 포함 여부** 입양 동의서나 경찰 신고서가 입양 서류에 포함되지 않았다.

- **글쓴이** 시인이자 극작가. 덴마크 최초이자 유일한 전문 교육을 받은 bipoc/아시아 극작가. 2008년 연극 「마음속의 손」으로 데뷔했다. 한국인 입양아에 대한 가상의 이야기와 대한항공 858기 폭발과 115명의 목숨을 앗아간 북한 테러리스트 김현희의 실화를 결합한 작품이다. 50편 이상의 대본을 썼고, 초국가적 입양 경험, 인종차별 및 기타 입양 관련 문제에 대해 글을 썼다.

스물여섯 번째.

제 몸과 영혼은 항상
당신을 기억하고 사랑할 것입니다

_보르 베눔

제 침실 벽에는 조그마한 흑백 사진 두 장이 걸려 있습니다. 젊은 여성과 함께 있는 갓난아이의 사진입니다. 어린 시절 제 모습이죠. 이 사진들이 반세기도 더 전인 1964년 9월 노르웨이에 도착하기 전부터 제가 이 세상에 존재하고 있었다는 유일한 증거입니다.

어린 시절부터 저는 제 뿌리를 알려고 한국과 관련된 것이라면 뭐든 찾아다녔습니다. 두 장의 사진도 그렇게 부모님의 개인 사물함을 뒤지다가 발견한 것입니다. 사진은 제 입양 서류에 끼워져 있었습니다. 사진 속 아이는 젊은 여성의 무릎 위에 앉아 있습니다. 나중에 양어머니는 그 여성이 간호사라고 말했지만, 저는 그녀가 제 친어머니일 거라고 혼자서 상상하곤 했습니다. 제 눈에는 사진 속 여성과 아이 모두 상실감에 빠져 슬픈 표정을 짓고 있습니다.

제 이름은 보르 베눔입니다. 제가 지금의 나이를 예순이라고 믿는 데는 근거가 있습니다. 1964년 노르웨이인 부부에게 입양 됐을 때 제 나이가 생후 13개월이었거든요. 서울의 병원과 고아 원에 있는 서류가 맞는다면 말이죠. 서류에 따르면 제 한국 이름 은 임숙희였습니다. 지금은 노르웨이 옛 여신에게서 따온 보르 (봄)라는 희귀한 이름을 갖고 있습니다. 저는 보르라는 이름을 언 제나 좋아했지만, 한편으로는 제 이름이 상징하는 금발에 푸른 눈의 노르웨이 신과 제가 전혀 닮지 않았다는 사실을 스스로에 게 상기시키며 자라야 했습니다. 지난 25년 동안 저는 북극권 위 쪽에 있는 노르웨이 북부의 트롬쇠에 거주하면서 임상심리학자 로 일하고 있습니다.

어린 시절 내내 저와 닮은 사람을 만나고 싶었습니다. 1960년 대 초반의 노르웨이는 인종적으로 매우 동질적인 사회였고, 한 국에서 입양된 남동생과 저만 우리 동네에서 유일한 비백인이었 습니다. 사실 어른이 될 때까지 저는 한국 성인을 만나본 적이 없 고, 혼혈인인 저 자신 또한 한국인을 온전히 닮지 않았기 때문에 소외감을 더 크게 느꼈습니다.

자신의 기원과 역사를 아는 것이 인간의 권리로 여겨지는 데 에는 다 이유가 있습니다. 가계 연구가 점점 더 대중적인 관심사 로 떠오르고 있습니다. 미국에 거주하는 아일랜드계 이민자의 후손들은 성 패트릭의 날을 기념하고, 노르웨이인의 먼 후손들

은 여전히 스스로를 노르웨이인이라고 부르며 레프세와 루테피
스크를 먹습니다. 한국인도 전통과 풍습을 유지하면서 자신이
한국인임을 자랑스럽게 여기고 있죠.

세대를 이어가며 스스로를 이해하고 정의하려는 것은 지극히
인간적인 욕구입니다. 이런 소속감과 믿음이 없다면 인간은 외
로움과 공허함을 느끼기 쉽고, 힘든 일이 닥쳤을 때 버티기 어려
울 수 있습니다. 많은 해외 입양인이 자신에 대한 구체적인 정보
가 거의 혹은 전혀 없는 상황에서도 자신만의 의미 있는 이야기
를 만들어내기 위해 오랜 세월을 보냈으며, 지금도 여전히 시간
을 들이는 이유는 바로 그 때문입니다.

스무 살이 될 때까지 저는 제가 '버려진 아이'였다고 믿으며 살
았습니다. 이름도 모르는 어머니에게 버림받고 길거리에 홀로 남
겨졌다고 말이죠. 그래서 친어머니를 만난다는 것은 상상할 수조
차 없었습니다. 나는 어떤 아이였을까? 어떻게 자기 자식을 버릴
수 있었을까? 이런 생각을 하면 견딜 수가 없었습니다. 대신 저
는 친아버지가 저를 찾을 수도 있겠다는 생각을 했습니다. 나중
에 확인된 사실에 따르면 친아버지는 미군이었고, 제가 세상에
태어났다는 사실을 모를 수도 있다고 여겼기 때문입니다. 저는
그가 제 존재를 알게 된다면 저를 사랑해줄 거라고 스스로에게
되뇌곤 했습니다.

스무 살이 되던 해, 저는 1964년에 비공개로 입양됐을 당시 저
를 담당했던 노르웨이인 여성 의사를 찾아갔습니다. 이 일이 제

게는 삶의 전환점이 되었습니다. 그녀가 말해준 저에 대한 이야기는 지금까지 믿어왔던 것하고는 완전히 달랐습니다. 그리고 이날 의사에게 새롭게 전해 들은 이야기가 이후 30년 넘게 제 출신 배경과 친어머니, 그리고 저 자신에 대한 이해를 결정짓는 바탕이 되었습니다. 의사는 제가 생후 9개월이 될 때까지 친어머니와 함께 살았다고 말했습니다. 그러면서 친어머니가 직접 저를 고아원으로 데려왔는데, 그곳은 병원 부설 고아원이었고, 저 같은 혼혈 아이들에게 의료 서비스를 제공하는 몇 안 되는 곳 중 하나라고 했습니다. 친어머니가 저를 그곳에 데려온 이유는 더 이상 젖이 나오지 않아 제가 굶어 죽을 수도 있다는 우려 때문이었죠. 친어머니는 병원에서 일하는 사람들에게 유난히 강한 인상을 남겼는데, 저를 놓고 떠나야 했을 때 가슴이 찢어질 듯 울었기 때문이라고 합니다. 이런 행동을 보면 친어머니가 저를 사랑했기 때문에 저를 맡겼을 것이라고 의사는 설명했습니다.

　이 이야기를 들으며 저는 몹시 고통스러워 견디기 힘들었지만, 얼마간의 안도감을 느끼고 위로를 받은 것도 사실입니다. 제가 버려진 것이 아니라 구원받았다는 사실을 이 새로운 이야기는 전해주고 있기 때문입니다. 친어머니는 저를 무척 사랑해서 저를 포기하기로 선택하셨다는 겁니다. 극심한 고통을 겪으면서도 자식을 버릴 수 있다는 사실을, 심지어 엄마가 그럴 수 있다는 사실을 상상할 순 없었지만, 이 이야기를 들으면서 저는 제 배경을 받아들일 수 있었고 친어머니에 대한 사랑과 공감의 토대를 만

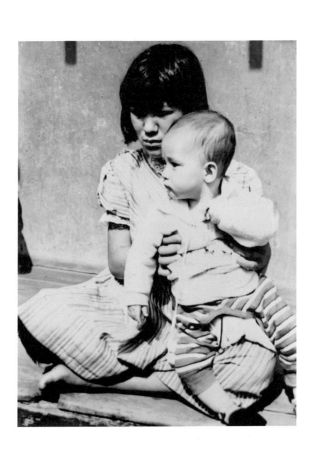

들 수 있었습니다.

의사와의 만남은 한국의 해외 입양에 대한 제 비판적인 시각을 줄이는 결정적인 계기가 되었습니다. 적어도 같은 세대의 혼혈 아들의 해외 입양에 대해서는 말이죠. 왜냐하면 저와 같은 혼혈 아들로서는 아직 빈곤하고 인종 의식이 강한 한국 사회의 고아원 바깥에서는 존엄한 삶을 살아갈 기회가 전혀 없었다는 말을 전해 들었기 때문입니다.

2016년 저는 한국의 고아원에 보관 중이던 서류의 사본을 전달받았습니다. 거기에는 제가 전에 보지 못했던 몇 장의 사진과 더불어 생소한 종이 문서 한 장이 들어 있었습니다. 부모님이 입양 때 받아서 간직하고 있던 서류에도, 제가 몇 년 후인 2022년 노르웨이 카운티 주지사로부터 받은 서류에도 그 문서는 포함되어 있지 않았습니다. 거기에는 어머니의 이름, 나이, 건강 상태, 교육 수준 등이 적혀 있었습니다. 그녀의 이름은 (사생활 보호를 위해) 삭제되어 있었지만 성은 제 한국 성과 같았습니다. 문서에는 친어머니의 정보 외에도 다음과 같은 내용이 적혀 있었습니다. "히스토리: 이 여아는 전에도 우리에게 혼혈아를 데려온 적이 있는 이금순씨가 데려온 아이임. 아이의 건강 상태: 아이는 꽤 건강하며, 질병에 걸리지 않았음." 2016년에는 이 새로운 정보에 특별히 주목하지 않았습니다. 왜냐하면 비슷한 시기에 저는 DNA 검사를 통해 제 생물학적 부계 혈통을 찾아냈고, 더 많은 사람이 이런 방식으로 생물학적 가계를 찾을 수 있도록 돕는 데 집중하고 헌신했기 때문입니다.

덴마크한국인 진상규명 그룹과 대한민국 진실·화해를위한과
거사정리위원회의 노력에 의해 지난 1년 반 동안 드러난 사실을
고려할 때, 저는 제 이야기를 재고해보지 않을 수 없게 되었습니
다. 특히 저와 같은 혼혈아들이 인종차별과 박해를 받았을 뿐만
아니라 한국 군사 정권이 입양 기관과 긴밀히 협력하면서 '인종
청소'로까지 묘사될 법한 광범위한 국가 간 입양이 이루어졌다는
증거 및 목격자 증언이 점점 더 많이 드러나고 있다는 사실이 제
게는 커다란 충격이었습니다.

저는 다시 제 서류를 자세히 살펴봤습니다. 그리고 위조된 서
명과 뇌물이 오간 증거를 발견했습니다. 제가 스무 살 때 들었던
노르웨이 의사의 말을 이제는 신뢰할 수 없다는 사실이 슬픕니
다. 그리고 제 이야기가 여태껏 믿어왔던 것과는 완전히 다를 수
있다는 점을 받아들이는 중입니다. 친어머니가 저를 살리려고 고
아원에 버렸을까요? 아니면 무뚝뚝한 공무원이 집으로 찾아와
설득하거나 강제로 저를 빼앗아갔을까요? 어쩌면 저는 아프거나
굶주린 상태가 아니라, 미포함된 문서에 적혀 있듯이 꽤 잘 자라
고 건강한 아이였을지도 모르겠습니다. 아니면, 노르웨이로 입양
된 다른 많은 아이처럼 제 친어머니는 제가 병원에서 죽었다고
알고 있을 수도 있겠죠.

한국의 입양 기관에서 입양 절차를 진행하는 동안 상당수의
아동이 심각한 질병에 걸리거나 심지어 사망했다는 충격적인 증

거가 드러나고 있습니다. 저 또한 입양 전에 미국인 의료진의 위탁 가정에서 두 달 넘게 위탁 보호를 받았음에도 불구하고, 앉지도 못할 정도로 야위고 쇠약해진 채 노르웨이에 도착했습니다. 노르웨이 어머니는 제가 인형 옷을 입어야 할 정도로 작았다고 말씀하셨습니다. 또한 제가 노르웨이에 도착한 후 얼마 동안은 음식을 주면 손에 꼭 쥐고 놓지 않으려 했다고 합니다. 서류에 적힌 대로 제가 건강한 상태였다면, 어머니에게 인계될 당시에는 왜 그토록 상태가 악화됐을까요? 어머니께 들은 바로 저 또한 많은 입양아와 마찬가지로 장기간 설사로 고생했는데, 그 이유는 대부분의 한국인 아이처럼 우유를 소화하지 못했고, 서양 의사들은 이에 대한 정보가 부족해서 제대로 처방하지 못했기 때문입니다. 하지만 새로운 정보를 접하고 나니 제 건강 상태가 나빴던 데에는 또 다른 이유가 있었던 것은 아닌가 싶어 불안하고 두려운 마음이 듭니다.

1964년에 제 입양을 주선했던 노르웨이 의사가 부모님께 보낸 편지를 다시 한번 읽어봤습니다. 그러자 편지 내용을 다른 관점에서 해석할 수 있었습니다. 이전에도 읽어본 것이지만, 스무 살 때는 위로가 필요했기에, 사랑에 의해 버려지고 필요에 따라 구해졌다는 이야기가 제 마음에 와닿았던 모양입니다.

노르웨이 의사는 많은 아이를 노르웨이로 데려왔고, 제 양부모님은 그중 세 아이를 입양하기로 했습니다. 하지만 한 아이는 한국을 떠나기 직전 병에 걸려 사망했습니다. 우리는 모두 '서양인의 외모'를 가진 혼혈아들이었습니다. 우리 중 누구도 고아가 아니었지만 입양 직전에 친어머니와 이별했습니다. 입양을 기다리는 동안 우리는 위탁 가정에 맡겨지거나 노르웨이 의사의 집에 머물렀는데, 의사가 부모님께 보낸 편지에 따르면 "고아원 환경이 노르웨이 아이들에게 충분히 안전하지 않다고 생각했기 때문"이었습니다. 또 다른 서류에서 그녀는 "고아원 환경이 나쁘기 때문에 가장 좋은 방법은 어머니로부터 직접 아이를 데려오는 것이며, 그것이 내가 지금 하려는 일인데 시간이 오래 걸린다. 나는 건강한 아이를 원한다"라고 쓰여 있습니다. 제 '과거'에 대해서도 그녀는 "이 아이는 고아가 아니며, 어머니로부터 직접 입양했다"라고 적어놓았습니다.

저는 작년 가을에 환갑을 맞았습니다. 친어머니를 찾을 수 있는 시간이 얼마 남지 않았다는 것도 압니다. 그분이 아직 살아 계시다면 80대 후반일 것입니다. 아이를 키우고 있는 엄마인 저는 친어머니가 저를 결코 잊지 않으셨고, 저도 친어머니를 잊지 않을 것임을 알고 있습니다.

2018년 파주에서 아이를 떠나보내야 했던 모든 엄마와 떠나보낸 아이들을 추모하기 위한 '엄마품 공원'이 개장했을 때, 아이들의 사진과 함께 엄마들에게 보내는 한글과 영어로 된 인사말이 담긴 포스터 수백 장이 내걸렸습니다. 저는 거기에 한국의 친어머니에게 드리는 인사말을 이렇게 적었습니다. "제 몸과 영혼은 항상 당신을 기억하고 사랑할 것입니다."

- **이름** Vår Benum(한국 이름: 임숙희)

- **생년월일** 1963년

- **국적** 노르웨이

- **입양 시 나이** 13개월대

- **한국 입양 기관** 개인 입양

- **입양 동의서 포함 여부** 입양 동의서나 경찰 신고서가 입양 서류에 포함되지 않았다.

- **글쓴이** 생후 9개월경 서울 요양원 혼혈아동 고아원에 수용됐다가 4개월 뒤 노르웨이 부부에게 입양됐다. 네 명의 형제자매와 함께 자랐는데 그중 두 명은 한국에서 입양됐고 다른 두 명은 입양 부모의 친자녀다. 오슬로대학에서 임상심리학을 공부했고, 트롬쇠대학에서 공중보건 석사 학위를 취득했다. 중독 치료 및 임상심리학 분야에서 전문가로 종사해왔다. DNA 검사를 통해 친아버지의 신원이 밝혀졌고, 두 명의 이복형제 및 여러 미국 친척들과의 관계도 밝혀졌다.

스물일곱 번째.

저는 제 트라우마를
방치하지 않을 겁니다

_마리 로에

입양은 제게 어떤 의미를 지닐까요?

태어났을 때 저를 낳은 부모님은 저를 돌볼 수 없는 상태였습니다. 그래서 태어난 지 반년도 채 되지 않아 네덜란드로 보내졌고, 그곳에는 상상할 수 있는 한 가장 놀라운 사람들인 양부모님의 사랑스러운 품이 기다리고 있었습니다. 저는 운이 아주 좋았습니다. 뒷마당에는 올림픽 경기장 규모의 수영장이 있었고, 마구간에는 서러브레드 경주마 몇 마리가 있었습니다. 우리는 모두 행복하게 살았습니다. 제 생각에 한국 정부가 저를 해외로 보내면서 바란 것은 바로 그런 모습이었겠죠. 하지만 진실은 달랐습니다.

저는 생후 4.5개월일 때, 방금 전 세상을 떠난 다른 아기의 여권과 공문서를 가지고 여행을 떠난 것으로 드러났습니다. 그래서

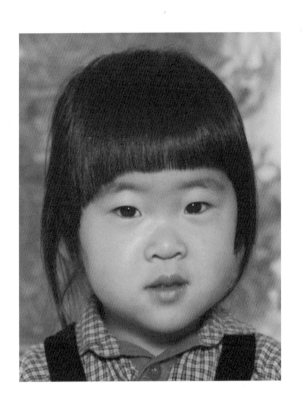

저는 자신에 대해 아는 것이 거의 없습니다. 저는 정서적으로 입양아를 받아들이기에 부적합한 네덜란드 가정에 입양되었습니다. 양어머니는 저에게 사랑을 거의 주지 않았습니다. 그래서 저는 말로 다 할 수 없는 고난을 겪으며 자랐습니다. 법적으로 혼자 살 수 있는 나이가 됐을 때 저는 독립했습니다. 거의 30년 전 일입니다. 그리고 그동안 많은 일이 일어났습니다. 그중 제 인생을 바꾼 두 가지 이야기를 해보려 합니다.

스물다섯 살 무렵 처음으로 한국을 방문했습니다. 친구를 사귀었고, 아름답고도 어려운 한국어를 배우려고 시도했습니다. 동시에 친부모님, 가족 혹은 저와 DNA를 나눈 사람들을 찾으려고 했습니다. 한국의 TV 프로그램에 출연해 제발 한국 가족을 찾아달라고 간청한 끝에 한 가족으로부터 연락을 받았습니다. 제가 자신들의 잃어버린 장녀 같다는 전화가 방송국으로 걸려온 것이죠. 우리는 다 함께 A 테스트 센터에 모여 DNA 검사를 했는데 결과는 음성이었고, 저는 실망했습니다. 확실히 하기 위해 저는 2차 테스트를 원했고 우리는 B 테스트 센터(크고 유명한 대학병원)에서 다시 검사를 했습니다. 이번에는 검사 결과가 양성이었습니다. 복권에 당첨된 것만 같았습니다. 우리는 서로 부둥켜안고 기뻐했습니다. 제게도 가족이 생겼으니까요. 그들은 친절하고 사랑스러웠습니다. 이보다 더 좋을 수는 없었습니다!

하지만 일주일 후 B 테스트 센터 사람들은 자신들이 실수했으며 우리의 DNA는 서로 관련이 없다는 연락을 해왔습니다. 그 일로 그 가족들도 큰 충격을 받았겠지만, 제게는 그야말로 끔찍한 경험이었습니다. 저는 지금도 그 순간을 기억합니다. 절대적인 절 망감이 바로 그런 느낌일까요. DNA 검사는 어렵지 않은 일이고, B 테스트 센터는 아주 좋은 장비를 보유하고 있었던 터라 더 충 격적이었습니다. 이 일은 저를 20년 넘게 깊은 슬픔으로 몰아넣 었습니다. 지금도 저는 친부모를 찾기 위해 싸우고 있습니다. 많 은 한국인이 이런 노력을 이해하지 못할 수도 있겠지만, 이것은 상처받은 제 영혼을 위로하기 위한 뿌리 찾기 같은 것입니다. 친 부모님은 왜 저를 입양 보내야 했는지, 그리고 겉은 한국인이고 속은 네덜란드인인 제가 과연 누구인지 알고 싶습니다.

제 사연은 KBS 「아침마당」을 통해 다시 한번 방송됐습니다. 그럼에도 여전히 가족은 찾지 못했습니다. 이것은 또 다른 타격 이었고, 커다란 스트레스를 받았습니다. 네덜란드 집에 도착한 지 2주 만에 머리가 빠지더니 탈모가 생겼습니다. 거울을 볼 때 마다 친부모를 찾지 못한 저 자신의 무능함을 드러내는 듯 대머 리가 드러나 있었습니다.

마흔다섯 살이 되면서 저는 제 상황을 더 이상 방치하지 않겠 다고 결심하고 마침내 트라우마(허위 서류에 의한 입양, 매우 힘든 어린 시절, 끔찍하게 잘못된 DNA 검사, 여전히 찾을 수 없는 친부모 등) 에 적극적으로 대처하려고 노력하기 시작했습니다. 그래서 한국 에 돌아왔습니다. 스물다섯 살 때 사귀었던 친구들과 다시 연락 했습니다. 저는 뿌리의집에 머물면서 창립자 김 목사님의 도움으

로 천천히 치유의 여정을 밟았습니다. 목사님은 편견 없이 제 이야기를 들어주시고, 저를 인정하시며, 친절과 무한한 지혜를 아낌없이 나누어주셨습니다. 그는 또한 한국 사람들이 겪었던 고난과 그들의 강한 회복력도 가르쳐주셨습니다. 치유 과정은 계속됐습니다.

마흔일곱 살이 된 지금, 돌이켜보면 입양인으로 산 것은 솔직히 쉽지 않은 일이었다고 말할 수 있습니다. 저는 서로 다른, 때로는 충돌하는 두 개의 문화와 두 개의 다른 시간대에 살고 있습니다. 네덜란드와 한국에서 말이죠. 하지만 장점도 있습니다. 여러 해에 걸쳐 저는 스스로에게 회복력, 힘, 믿음이 있다는 것을 배웠습니다. 그 어떤 것도 저를 무너뜨리지 못할 것입니다. 저는 항상 고개를 꼿꼿이 세우고 있을 것입니다. 그렇게 할 수 있는 힘을 어디서 얻었느냐고 누군가가 묻는다면, 저는 한국인의 유산 때문이라고 말할 수밖에 없습니다.

- **이름** Marie-Loe Won Hee Molenaar

- **생년월일** 1976년

- **국적** 네덜란드

- **입양 시 나이** 4.5개월

- **한국 입양 기관** 한국사회봉사회

- **입양 동의서 포함 여부** 입양 동의서나 경찰 신고서가 입양 서류에 포함되지 않았다.

- **글쓴이** 울산 혹은 그 근처에서 태어났다. 암스테르담에서 언어-프랑스어 및
커뮤니케이션 석사 학위를 취득했다.

스물여덟 번째.

쉰 살인 저는 한국어로
제 이름도 못 쓰는 '문맹'입니다

_마리안네 옥 닐센

저는 1973년에 덴마크로 보내진 아이 가운데 한 명입니다.

어린 시절 내내 한국의 모든 것과 거리를 둔 채 자랐습니다. 저는 덴마크 사회에 속하고 싶었고, 적응하고 싶었지만, 스칸디나비아에서 가늘게 찢어진 눈과 검정 머리로 사는 일은 쉽지 않았습니다. 저는 지금껏 제 삶의 토대이자 시작점이 되는 한국인의 정체성을 일부러 억눌러왔습니다. 겉보기엔 분명히 한국인인데 속은 덴마크인이었습니다. 다른 사람들이 제 '한국적' 특성을 궁금해할 때마다 견디기 힘들었습니다. 한국적이란 게 과연 무엇을 의미할까요? 한국인은 어떻게 생겼고, 어떤 언어를 쓸까요? 나는 왜 그에 대한 감정이 없었을까요?

제 입양 서류에 적힌 정보는 신뢰할 수 없습니다. 그래서 저는 실제로 언제 태어났는지, 친어머니는 어떤 사람인지, 그분은 어디

에 살고 있는지 아무것도 모릅니다. 입양 기관 또한 저를 도울 수 없었습니다. 아니면 도와주지 않는 것인지도 모르지요. 제게는 물어볼 가족이 없고, 만약 있다 하더라도 우리는 같은 언어를 사용하지 않을 테니 대화하는 것조차 힘들 겁니다. 저는 다음 생일이면 쉰 살이 되는데, 아직 한국어로 제 이름조차 쓸 수 없는 '문맹'입니다.

사실 저는 최근에 이름을 바꿨습니다. 덴마크에서는 마리안네 베스테르고르 닐센Marianne Vestergaard Nielsen이라고 불렸습니다. 이제는 한국 성을 되찾았습니다. (서류가 사실이라면 말이죠.) 그래서 이제 덴마크 여권에 마리안네 옥 닐센이라고 적혀 있습니다. 이것은 작은 변화이지만, 제 뿌리와 출생지를 분명히 하기 위한 중요한 한 걸음입니다. 왜냐하면 제가 어디서, 누구에게서 태어났는지는 매우 중요하기 때문입니다.

몇 년 전, 저는 알 수 없는 친어머니께 아래와 같은 공개편지를 썼습니다.

저를 낳아주신 누군지 모르는 친어머니께,
저를 낳아주셔서 감사합니다. 손가락 열 개, 발가락 열 개를 다 갖고 태어나게 해주셔서 감사합니다. 엄마 배 속에 있을 때 엄마는 저를 지울까도 고민하셨을 겁니다. 9개월 동안 엄마의 피가 제 핏줄로 들어왔고, 엄마가 드신 한입 한입의 음식들이 저를 성장시켰지요. 아이를 가진 엄마의 마음이 아이한테 그대로 간다고 하던데, 그런가요?

저는 엄마가 왜 저를 버리셨을까 생각해봅니다. 길거리에서 발견됐을 때 제 나이는 고작 생후 6개월이었다고 해요. 한국에 돌아와서 엄마를 수소문했어요. 그런데 입양 기관에서 보여준 서류로는 엄마를 찾을 수 없었습니다. 우리는 닮았을까요? 우리가 만난다면 함께 웃을 수 있을까요? 엄마는 살아 계시나요? 이제는 나이를 많이 잡수셨을 텐데, 엄마를 돌봐드리고 싶어요. 엄마, 저를 건강하게 낳아주셔서 감사해요. 제 몸의 반은 엄마를 닮았을 텐데, 제 정신도 그럴까요? 제가 어렸을 때 사람들은 말했어요. 엄마가 저를 너무 사랑해서 떠나보냈다고요. 아이를 버리는 게 엄마가 할 수 있는 최선의 사랑이었다고요. 이 말이 계속 머릿속에서 맴돌지만 가슴으로는 그렇게 느껴지지 않아요. 무슨 소린지 알겠지만 제게는 아무 느낌이 없어요. 엄마도 그렇게 느끼시나요?

저는 사랑이 많은 덴마크 가족들 속에서 자랐어요. 이곳에 왔을 때는 생후 9개월이었는데, 양어머니가 빵을 건네면 기뻐서 깡총깡총 뛰었다고 하네요. 먹고 먹고 또 먹었대요. 토할 때까지요. 저는 나이에 비해 아주 작았어요. 이제 전 마흔다섯이 됐습니다. 엄마는 벌써 알고 계시겠지요.

저는 혼돈 속에서 살아왔고, 마흔이 되면서 엄마와 저 사이에 끊어진 연결 고리가 제게 많은 영향을 끼쳤다는 걸 알게 됐어요. 평생 동안 아니라고 부정해왔는데 말이죠.

엄마의 성격을 물려주셔서 감사해요. 어쩌면 아빠 쪽을 닮은 건지도 모르겠네요. 저는 성격이 우직한 편입니다. 엄마에 대해서 말하는 게 어색하지만, 늘 마음속에 엄마를 품은 채 살고 있어요. 그렇지만 제 양부모님께도 잘 해드려야 해요. 언제나 제게 최선을 다해주셨어요. 양부모님이 안 계셨다면 지금의 저도 없었을 거예요.

솔직히 저는 자존감이 좀더 강한 사람이었으면 좋겠어요. 그래서 제가 살아 있다는 사실을 미안해하거나, 아니면 제 존재의 이유를 설명하지 않아도 될 수 있도록 말이죠. 그저 저 자신의 존재 자체만으로도 만족할 수 있다면 좋겠어요.

제가 이 세상에서 살아갈 권리를 가질 만한 인간임을 보여주기 위해 끊임없이 뭔가 하는 것을 멈춰도 된다면 위안이 될 거예요. 다행히 지금은 다른 사람들보다 저 자신에게 필요한 것들을 생각하려고 천천히 노력하고 있어요.

엄마가 저를 버렸을 때 저는 이미 산산조각 나버렸답니다. 하지만 엄마를 완전히 용서할 거예요. 다른 곳에서 많은 사랑을 받았기 때문에 괜찮아요. 엄마의 사랑도 감사해요.

- **이름** Marianne Ok Nielsen
- **생년월일** 1973년
- **국적** 덴마크
- **입양 시 나이** 거의 6개월대
- **한국 입양 기관** 홀트
- **입양 동의서 포함 여부** 입양 동의서나 경찰 신고서가 입양 서류에 포함되지 않았다.

- **글쓴이** 저널리스트. 2018년 입양인으로서의 삶을 이야기한 대중 연설 대회
에서 1등을 수상했다. 현재 책을 집필 중이다.

스물아홉 번째.

공범자가 된 양아버지는
무너지셨다

_영 피런스*

플랑드르 법무부 장관의 말을 신뢰한다면, 조만간 최소 2년 동안 입양은 중단될 것이다. 입양 학대에 관한 보고서를 발표하면서 전문가 패널이 몇 가지 권고 사항을 내놓았기 때문이다. 2년에 걸친 조사 결과, 수십 년 동안 해외 입양과 관련해 많은 문제가 있었다는 게 증명되었다. 불법 관행은 주로 칠레, 인도, 르완다 같은 개발도상국에서의 입양과 관련 있다. 여기에는 한국도 포함

---

* 이 글은 필자가 2021년 벨기에의 『드 모르겐』에 기고한 칼럼을 수정한 것이다. 필자는 에티오피아로부터의 입양과 관련된 불법 행위가 발생한 후 플랑드르 지방 정부가 임명한 전문가 그룹의 대응을 보고 기고했다. 2022년 6월 9일, 벨기에 연방 하원은 빈센트 반 퀴켄본 법무부 장관을 상대로, 국제 입양 피해자들이 과거에 겪은 불공정한 상황을 파악하고 그들의 권리 보호를 위해 조사에 나설 것을 촉구하는 결의안을 만장일치로 통과시켰다. 하지만 장관은 여기에 아직 응하지 않고 있다.

된다. 플랑드르 복지위원회는 어제 이 보고서와 관련된 논의를 시작했다.

해외 입양 시스템의 철저한 개혁은 많은 성인 입양인이 다년간 요구해온 것이다. 이번 조사는, 자녀를 갖지 못한 플랑드르 주민 수백 명의 충족되지 않는 소망에 초점을 맞춘 해외 입양 시스템에 너무나 많은 재정적 인센티브가 주어지고 있었다는 점을 보여주었다. 이는 아동의 이익을 최우선으로 해야 한다는 헤이그 입양 협약에 위배되는 것이다.

이러한 학대가 대규모로 발생한 까닭에 입양된 아동의 권리를 보장하기 위해 해외 입양 시스템을 철저히 개혁할 필요가 있다.

아이를 입양 보내는 나라의 불투명한 법률과 아이를 입양하는 나라의 통제 메커니즘 부재로 인해 인권이 침해되는 사례는 너무 많다. 여기에는 아동뿐만 아니라 친부모와 양부모 모두의 인권도 포함된다.

유엔 아동권리협약에 따르면 입양은 취약한 아동에게 따뜻한 가정을 찾아준다는 원칙에 기반해야 한다. 안타깝게도 현실에서는 여전히 양부모의 희망과 필요가 주요하게 고려되고 있으며, 아이를 갖고자 하는 그들의 욕구가 수요와 금전 위주의 시장을 부추기고 있다.

가족을 이루려는 열망이 1950년대 초부터 아프리카와 아시아 각지에서 유럽과 북미로 아동들을 데려오는 입양 물결의 원동력이었다. 최초의 입양자들은 진보적 평화주의자와 기독교 자선활동가들이었으며, 이들은 국제 카리타스 정신(사랑·애덕·자선이란 뜻의 라틴어)에 따라 끔찍한 운명으로부터 아이들을 보호하고자 했다.

입양이 자연적으로 자녀를 갖지 못한 사람들에게 대안이 된 것은 좀더 나중의 일이었다. 이때부터 수천 명의 아이를 벨기에로 데려왔던 자선 원칙이 상업화로 물들기 시작했다. 이제는 많은 아동이 그들의 입양 서류에 명시되어 있는 것처럼 고아가 아니며, 불법 행위를 통해 입양되었다는 사실이 밝혀지고 있다. 신원 위조 외에도 노골적인 유괴와 아동의 고아 신분을 허위로 신고하는 사례, 즉 '종이 고아'라고 불리는 아이들의 입양이 본격화되었다.

내 양부모는 플랑드르의 입양자 2세대에 속하는 분들이었다. 그분들은 입양한 두 딸에게 인간이 꿈꿀 수 있는 최고의 삶을 선사하기 위해 어떤 일이든 하려 한, 선의로 가득한 사랑스럽고, 열심히 일하는 분들이었다. 1970년대 입양 물결의 개척자로서 그분들은, 현재는 모든 입양 희망자에게 제공되는 전문 지식 없이 우리를 돌봐야 했다. 당시에는 입양 가족들의 사후 관리가 오늘날에 비해 훨씬 더 부족했다. 입양인들의 높은 자살률에 대한 놀라운 연구 결과들이 아직은 인터넷에 도배되지 않을 때였다. 애착 문제, 분리 불안 및 문화적 뿌리 뽑기 등에 대해 말해줄 사람도 없었다. 인종차별은 그저 받아들여야 하는 것이었다.

내 양부모님은 후속 조치의 부족과 가족으로서 겪었던 숱한

214

우여곡절에도 불구하고 잘해내셨다. 하지만 인생의 황혼녘에, 내 양부모님은 그들 역시 입양 시스템의 피해자였음을 알게 되셨고 마음 깊이 실망하셨다.

나는 강하고 커다란 체구의 내 양아버지가 자신에게 가장 소중한 존재였던 딸들이 애초에 고아가 아니었다는 말을 듣고서 무너지는 것을 지켜보았다. 그에게 소중한 딸들이지만, 딸들에게는 여전히 아이를 찾고 있을 어머니, 아버지, 형제자매들이 있을 수도 있다는 말이었다.

양아버지의 눈물, 내려앉아 다시는 활짝 펴지 못한 어깨, 꽉 쥔 주먹에서 자신이 비의도적으로나마 아동 매매라고밖에는 설명할 수 없는 행위의 공범자가 되었다는 고통, 실망, 분노가 엿보였다. 그는 9년 전 돌아가실 때까지 이런 감정에서 벗어나지 못하셨다.

양아버지가 돌아가신 지 8주 후, 나는 양어머니와 내 입양에 대해 이야기를 나눴다. 양어머니는 내가 과거를 잘 받아들이고 있는지, 또 한국에서 재회한 원가족과도 잘 지내고 있는지 물으셨다. 그렇다는 대답을 듣고서 다년간 슬픔과 죄책감으로 어두웠던 그녀의 눈이 다시 반짝이는 것을 보았다. 내 대답에 마음이 놓여서였을까, 양어머니는 나와 대화한 다음 날 갑작스럽게 돌아가셨다.

나는 입양을 중단하라는 전문가들의 권고를 거부하고 있는 많은 입양 희망자가 몇 년 후 자신이 입양한 아이가 불법 입양,

아동 인신매매 또는 유괴의 피해자였다고 말할 때 어떻게 반응할지 궁금하다. 그때가 되면, 그들은 불법 행위가 폭로되었던 2021년에도 자신들이 아동 유괴를 가능하게 했던 시스템의 유지를 위해 열성적으로 노력했다는 사실을 시인할 수 있을까? 그들에게는 환상을 지속하려는 의지가 현실을 직시하는 능력보다 더 강했기 때문에 피해자들의 증언을 대체로 무시했다. 하지만 자신들이 그렇게 열심히 싸워서 얻어낸 아이에게 끝까지 신뢰받을 수 있다고 생각할까? 그토록 열망해서 키우고, 보호하면서, 더 나은 기회를 주려고 했던 아이에게서 말이다.

2년은 무언가를 진정으로 원하면서 기다려야 하기에는 무척 긴 시간이다. 하지만 아이만이 아니라 자신까지도 끔찍한 운명으로부터 구할 수 있다면, 그 2년은 작은 희생일 수도 있을 것이다.

- **이름** Yung Fierens

- **생년월일** 1976년

- **국적** 벨기에

- **입양 시 나이** 9개월대

- **한국 입양 기관** 홀트

- **입양 동의서 포함 여부** 부모의 입양 동의서가 서류에 포함되지 않았다.

- **글쓴이** 작가이자 비즈니스 컨설턴트. 활동가이자 입양 전문가로 플랑드르 벨기에 입양 정책 개혁 수립에 참여했고, 현지 입양 기관 및 정책 입안자를 위한 컨설턴트로 활동하고 있다. 『다국적 입양을 넘어』의 공저자다.

서른 번째.

가족을 잃고
산다는 것은
_신지원

언니뿐 아니라 우리 가족의 삶도 맑은 날보다는 비에 젖은 땅처럼 질퍽하고 추운 날이 많았다. 언니가 어디서 어떻게 살고 있는지, 죽었는지 살았는지, 언젠가 찾을 수는 있는 건지 우리는 늘 마음을 졸이며 세월을 보냈다.

아빠는 평생 버스와 택시 운전을 하셨다. 버스에 오르는 손님 가운데 언니와 비슷한 나이대의 여성을 보면 혹시 우리 딸이 아닐까 하는 마음으로 유심히 쳐다보신다고 한다. 그러면서 잃어버린 딸의 얼굴을 한 번 더 그려보는 것이다.

엄마는 미용실을 하신다. 가게에 오는 손님뿐 아니라 새로운 사람들과 만날 때마다 딸을 찾고 있다는 이야기를 하신다. 혹시나 엄마를 찾는 딸의 이야기를 들을 수도 있기 때문이다.

나 역시 낯선 곳을 여행할 때면 혹시 언니가 이 도시에 있지는 않을까 하는 기대를 하게 된다.

잃어버린 딸을 찾는 것은 우리 가족에게 영원한 숙제다. 그 숙제를 끝내지 못해서였을까, 우리 가족은 큰 소리로 웃으며 즐겁게 지낸 적이 거의 없다. 그나마 조카들이 태어났을 때 가족들 사이에 잠시 활기가 돌았다. 그 와중에도 엄마는 잃어버린 딸, 경하 언니가 태어났을 때를 떠올리며 눈물을 흘리셨다. 엄마는 늘 그림자처럼 언니에 대한 그리움을 달고 다니신다. "우리 경하는 어디에 있을까?" 기쁠 때나 슬플 때나 엄마 입에서는 이 소리가 떠나질 않는다.

어릴 적 기억을 떠올려본다. 엄마 아빠는 일하러 나가셨다. 난 학교에 다녀와서 동생을 돌보기도 하고, 바쁜 엄마의 미용실 일을 돕기도 했다.

미용실에는 살림하는 방이 부엌과 함께 딸려 있었다. 엄마가 일을 하면서 동생과 나를 보살펴야 했기 때문이다. 나는 바쁜 엄마를 위해 곤로나 연탄불에 밥을 짓기도 했고, 수건을 널거나 미용실 정리를 돕고, 바닥에 수북이 쌓인 머리카락을 쓸기도 했다. 언니가 있었으면 같이 도왔을 것이다.

우리 가족 모두는 언니가 어디서든 잘 지내기를 기도하는 마음으로 살아왔다. 동생과도 언니에 대해 이야기하곤 했다. 그러나 이야기의 끝은 늘 살아 있기만 해도 다행이라는 것이었다.

TV에서 언니 또래 여자아이만 나오면 엄마는 "우리 경하는 어디 있을까? 우리 경하도 저만큼 컸을 텐데……" 하면서 한숨을

쉬셨다. 그런 엄마를 보면서 컸기에 나와 동생은 일찍 철이 들었 던 것 같다.

그렇게 답답한 시간이 흐르던 어느 날, 언니를 찾았다는 소식 이 왔다!

엄마와 함께 언니 소식을 전해준 '뿌리의집'을 찾아가서 미국 에 있는 언니와 처음으로 영상 통화를 했다. 너무 어릴 때 헤어져 서 얼굴이 기억나지는 않지만, 보는 순간 친숙한 느낌이 들었다. 엄마와 이모의 얼굴이 섞여 있었다.

이후 언니가 미국에서 한국으로 날아왔다. 우리는 처음 만났 지만, 자연스레 손을 잡고 동네를 걸으며 이야기를 나눴다. 어린 시절 우리 둘의 모습이 이랬을 거라는 생각이 들었다. 40년이 흘 렀지만 매일 보던 사람처럼 느껴졌다.

언니는 그렇게 며칠을 함께 지내다가 다시 미국으로 돌아갔다.

언니와는 오래 떨어져 있었기 때문에 서로의 문화와 생각의 차이를 알아가고 이해하는 과정이 필요했다. 언니는 우선 부모가 자기를 버렸을 것이라는 오해부터 풀어야 했다. 언니도 생각처럼 단번에 마음이 열리지 않아 힘들어했다.

언니를 찾은 지 3년이 흘렀다. 지금은 여러 방송에 소개되고, 중간에서 소통을 도와주는 분들도 계셔서 서로에 대한 오해가 풀렸다. 가끔 보내오는 언니의 사진들을 보면 천사가 따로 없을 만큼 예쁘고 행복해 보인다.

- **이름** 신지원

- **생년월일** 1972년

- **국적** 대한민국

- **글쓴이** 그래픽, 편집 디자인 사무실을 20년간 운영하다가 40대에 심리학 공부를 시작했다. WPI 심리상담코칭센터 의왕점을 운영하며 심리치료사로서 살아가고 있다.

서른한 번째.

할머니 집에 간다던 딸을
수십 년 뒤 미국에서 찾았습니다

_한태순

남편과 신경하(큰딸), 신지원(둘째 딸), 신성수(아들) 다섯 식구가 함께 살았을 때는 평범한 가정이었습니다. 경하는 매우 똑똑한 아이였습니다. 동생들과 잘 지내고 엄마 아빠 말도 잘 듣는 아이였어요. 어리지만 말도 조리 있게 잘했습니다. 우리 부부는 아이 셋과 평온하게 살았습니다.

그날은 아이들이 집 앞에서 친구들과 공기놀이를 하고 있었습니다. 나는 평소처럼 시장에 다녀왔어요. 집에 와보니 경하가 보이지 않았습니다. 함께 놀던 아이들에게 "경하는 어디 갔어?" 하고 물었더니, "할머니 집에 간다고 했어요"라고 답하더군요. 그래서 그저 '할머니 집에 갔겠지'라고 생각했습니다. 평소에도 혼자서 할머니 집에 잘 다녀와 아무런 의심도 하지 않았어요. 그런데 다음 날 아침 경하 삼촌이 집에 들렀는데 경하랑 함께 오지 않은

거예요. 그래서 "경하는 왜 같이 안 왔어요?" 하고 물었죠. "경하 어제 할머니 집에 안 왔는데요." 삼촌의 이 대답을 듣는 순간 너무 놀라서 한걸음에 경찰서로 달려가 신고했어요. 그리고 갈 만한 곳은 다 찾아다녔죠.

그날부터 아무리 다녀도 찾을 수 없었어요. 경찰서를 매일 들락거렸죠. 나중에는 광고지도 돌려보고 라디오 방송도 내봤지만, 처음에는 그저 경찰서만 믿고 있었어요.

우리 경하가 너무 똑똑해서, 누군가 심부름 시키려고 데려갔거나 혹은 자식 없는 집에서 키우려고 데려갔더라도 조만간 경하스스로 찾아올 거라는 기대가 있었어요.

저는 생계를 위해 필요하기도 했지만, 경하를 찾기 위한 비용을 마련하기 위해 미용 기술을 배웠어요. 미용실에 오는 손님들에게 딸을 잃어버려서 찾고 있다고 호소했어요. 게다가 두 명의 아이마저 잃어버리지 않기 위해 집과 미용실이 붙어 있는 가게를 얻어 아이들을 돌보며 미용 일을 계속했습니다.

시간이 흐른 어느 날, KBS 방송국에서 이산가족 찾기 프로그램을 시작했어요. 경하를 찾을 수 있을 거란 기대를 가지고 1980년대부터 모든 미아 찾기 프로그램을 찾아다녔죠. 1990년부터는 DNA 검사를 해준다는 곳이 있으면 어디든 다니면서 전부 등록해두었습니다. 어느 날 우연히 「아침마당」 TV 프로그램에서 해외 입양아들이 뿌리를 찾아 한국에 온다는 내용을 봤어요. 혹시나 싶어 그길로 남편과 함께 '뿌리의집'에 찾아가 DNA

검사를 하고, DNA를 등록해두었습니다.

이후 미국 325KAMRA라는 단체에서 연락이 왔습니다. 뿌리의집에 등록해둔 DNA와 일치하는 사람을 찾았다는 소식이었어요. 너무 놀라서 "경하가 정말 맞느냐?"고 몇 번이나 확인했죠. 325KAMRA 직원분이 경하의 이메일 주소를 보내주었습니다. 그걸 영어를 잘하는 아들(성수)한테 바로 보냈고, 아들이 경하에게 메일을 보냈는데, 10분 만에 답장이 왔어요. 그 10분이 너무너무 길게 느껴졌지요. 아들이 "경하 누나가 맞아. 엄마랑 똑같이 생겼어"라면서 경하가 보내온 사진을 보여주는데, 정말 경하가 맞는구나 싶어서 많이 울었습니다. 죽지 않고 살아 있어서 너무 고마웠어요. 마음씨 착하고 멋있는 남편과 예쁜 딸과 함께 단란한 가정을 꾸리며 살고 있어서 더없이 기뻤습니다. 이후 우린 서로 안부를 물으며 잘 지내고 있습니다. 지금의 평범한 일상들이 나에겐 매일 기적처럼 느껴집니다.

- **이름** 한태순

- **생년월일** 1954년

- **국적** 대한민국

- **글쓴이** 44년 만에 딸을 찾았지만 언어 소통 문제로 자주 연락을 못 하고 있다.

서른두 번째.

불안하고 조급한
나의 결핍을 메워줄 나라
_신서빈

우리는 어디서 왔고 / 우리는 무엇이며 / 우리는 어디로 가는가

— 폴 고갱(1897)

"제 네덜란드 이름은 바스티안 플릭베이르트이며, 한국 이름은 신서빈입니다. 저는 입양인이 아닙니다. 부모님이 한국에서 입양되셨지요." 나는 나를 항상 이렇게 소개해왔다. 어릴 때부터 내 존재에 대해 사과해야 한다는 부담을 느끼며 살아왔다. 한국에서든, 네덜란드에서든, 어디서든 나는 내가 누구인지, 왜 이렇게 생겼는지, 왜 그렇게 행동하는지 설명해야 했다. 내가 누구인지는 사실 이런 것과 별 상관이 없는데도 말이다. 그저 부모님이 다르게 생겼으니 나 역시 남들과 다른 것일 뿐이니까.

나는 매일 이런 상황에 직면하면서 자랐다. 아이들은 내가 왜

다르게 생겼는지 물었고, 나는 "뭐, 부모님이 금발에 파란 눈을 가진 백인이 아니기 때문이지"라고 대답했다. "우리는 그냥 네덜란드인이야. 나 여기서 태어났어"라고 말하기도 했다. 나도 여기에 속한다고, 그럴 권리가 분명히 있다고 변명했다. 이때 "그런데 네 부모님은 어디서 왔어?"라는 물음이 돌아오기도 했는데, 이런 되물음은 늘 나를 곤란하게 만들었다. 사실 어렸을 때는 그렇게 어렵지 않았다. 그냥 부모님이 입양된 분들이었기 때문이다. 그때는 입양이라는 게 뭔지 상관도 하지 않았고, 중요하지도 않았다. 놀이터에서 같이 놀던 동네 친구들도 몰랐고, (무식해 보일까봐?) 따지지도 않았으니까. 나중에야 사람들은 내가 말하는 입양이 무엇인지 물어보기 시작했다. 그러자 나도 "내 부모님은 한국에서 오셨지만 그래도 네덜란드 사람이야"라고 말하면서 그게 정확히 무슨 뜻인지 생각해봐야 했다.

"나한테는 네덜란드에도, 한국에도 가족이 있어!" 나는 그렇게 대답했다. 아버지는 한국에 가족이 있었다. 즉, 내게는 '한국 할머니'가 있었다. 아버지의 한국 가족은, 내가 그들과 소통할 수는 없더라도, 훨씬 더 재미있고 친근한 느낌이었다. 큰고모, 둘째 고모, 셋째 고모, 큰아빠, 사촌 누나와 사촌 형들과 함께 있으면 많이 웃고, 선물도 한가득 받았다. 그래서 나는 입양이 아름다운 일이라고 생각했다. 가족이 둘이나 생기니까. 다만 너무 멀어서 여름에만 가끔 간다는 점이 아쉬웠다. 한국에 가는 것은 꽤 큰 모험이었다. 장시간의 비행 끝에 도착하면 찜통더위와 장마가 기다리고 있었다. 서울은 늘 사람들로 붐볐다. 하지만 음식은 훨씬 더 맛있었다. 그래서 부모님이 일 년 동안 한국에 간다고 말씀하셨을 때 너무 좋았다. 일 년 내내 할머니와 함께 살면서 맛있는 음식을 먹을 수 있는 삶이라니! 하루하루가 파티일 거야!

그런데 파티는 시작하기도 전에 끝나버렸다. 할머니는 네덜란드에서는 사람들이 자전거를 많이 탄다는 걸 아셨다. 그래서 우리와 함께 타기 위해 오렌지색 자전거를 사고, 면허까지 따셨다. 하지만 할머니는 정기검사에서 완치된 줄 알았던 암이 온몸으로 퍼진 것을 확인하셨다. 그리고 가족 전부가 그 충격에서 헤어나오기도 전에 돌아가셨다. 단 5주간의 짧은 투병을 마치고. 나는 그 순간을 정확히 기억한다. 여명이 비치기 시작한 어느 새벽, 나는 울음소리에 잠에서 깼다. 아버지가 울고 계셨다. 바로 직전에 한국에서 온 전화를 받은 뒤였다. 처음 보는 아버지의 눈물이었다. 우리가 한국으로 이주할 준비를 끝마친 시점이었고, 출발하기 석 달 전이었다.

할머니가 남기고 간 공간은 가없이 공허했다. 한국에 적응하고 평범하게 일상을 꾸려나가도록 도와줄 사람이 이제 없어졌다. 한국에서 처음으로 남의 도움 없이 생활해야 했던 우리에게는 매일매일이 난제였다. 그들은 우리에게 무엇을 원할까? 그 단어들은 무슨 뜻일까? 그 제스처는 뭘 의미할까? 내게 무엇을 기대하고 있을까? 우리 부모님에게도, 나한테도 매 순간이 새롭고 어려웠지만 천천히 알아가기 시작했다. 선생님 말씀을 이해하고,

매일 숙제를 하고, 매주 받아쓰기 시험에서 적당한 성적을 받을
만큼 한국어를 구사하기 시작했다. 친구가 거의 없어서 외로웠지
만, 나를 이상하게 여기는 주변 사람들을 탓할 수는 없었다. 겉모
습이 똑같더라도 그들의 시선에서 나는 평범한 사람이 아니었을
테니까. 네덜란드에서의 경험과는 정반대였다.

나는 그 일 년 동안 어머니가 (아직) 못 만난 가족을 찾기 위해
노력 중이라는 사실을 당연하게 받아들였다. 그리고 별로 신경
쓰지 않았다. 자신이 어디에서 왔는지 불확실할 때 더 알고 싶지
않은 사람은 없으니까. 게다가 나는 또 다른 한국 할머니와 가족
을 갖게 될 테니까. 어머니의 바람은 당연해 보였고, 어머니가 가
족을 찾을 거라고 확신했다. 아빠도 찾았으니까. 그리고 마침내
현실이 되었다. 하지만 엄마가 한국에서 한 통의 전화를 받았을
때 우리는 이미 네덜란드로 돌아간 뒤였다. DNA 검사를 위해 아
빠는 엄마의 머리카락 몇 올을 뽑아 한국으로 보냈다. 나는 정확
히 기억한다. 3층 사무실이 소란스러워서 올라가 보니 부모님이
계셨다. DNA 결과는 양성이었다. 외할머니를 찾은 거였다. 어머
니는 울고 계셨다. 어머니가 눈물 흘리는 모습을 처음 봤다. 어머
니는 몇 주 후 여름방학 때 혼자 한국으로 날아가셨고, 혼란스럽
고도 당황한 표정으로 돌아오셨다. 몇 달 후 우리는 다시 한국에
서 살게 되었다. 이번에는 단기간이 아니었다. 성대한 송별 파티
가 열렸고, 친구들이 이번에는 얼마나 오래 떠나 있을 거냐고 묻
기에 나는 그저 방학 때 네덜란드로 놀러 와 너희를 꼭 보겠다는

대답밖에 할 수 없었다.

한국에 돌아와서는 모든 게 익숙하게 느껴졌고, 적응도 훨씬 더 빨랐다. 한국어도 빠르게 늘었고, 친구를 사귀는 것도 훨씬 더 수월했다. 글짓기로 상을 받았고, 공부도 나름 잘했다(수학 실력은 그때나 지금이나 별로지만). 매주 월요일 왼쪽 가슴에 오른손을 올리고 자랑스럽게 애국가를 불렀다. 네덜란드 국가는 외우지 못하면서 국기에 대한 맹세는 집에서도 할 만큼 금방 외워졌다. 부모님이 한국어를 잘 모르셨기 때문에 집에서는 네덜란드어로 대화했다. 은행, 구청, 출입국관리소에 가거나 학교의 가정통신문 등을 확인할 때는 내가 부모님께 통번역을 해드려야 했다. 내게는 한국이 집처럼 편안해졌다. 사실 "집처럼"이란 표현보다는 이제 한국을 우리 집으로 보기 시작했다는 표현이 낫겠다. 나는 법적으로는 외국인이었지만, 미성년자라서 일상생활에서 별다른 불편을 겪지 않았다. 그래서 내가 외국에서 태어났다는 사실을 설명하는 데 거리낌이 없었다. 왜냐하면 나는 이제 바스티안 플릭베이르트가 아닌 신서빈이었기 때문이다. 한국은 나의 나라였고, 나는 한국인이었다.

2011년 부모님이 한국 국적을 회복하셨을 때는 법무부에서 열린 기념행사에 참석해 신문과 방송 인터뷰도 많이 했고, 큰 자부심도 느꼈다. 이제 우리는 공식적으로 한국인이 되었으니까! 부모님은 복수 국적자가 되었다. 여권이 두 개였고, 신분증도 두 개였다! 여권 수여식장에 걸린 배너에는 "고국의 품으로 돌아온 것을 환영합니다"라는 글귀가 적혀 있었다. 법무부 장관님은 축사에서 우리에게 "다양한 경험과 재능을 활용해서 앞으로 대한민국의 발전에 기여해주시길 바랍니다"라고 당부하셨다. 우리는 나라의 발전에 기여하겠다고 다짐하며 한국에 다시 속할 수 있었고, 입양인 두 명과 아이 세 명으로 이루어진 우리 가족은 정부와 사회가 내세우고 싶은 가족 담론이나 입양 담론에 딱 들어맞았다. 운명처럼 해외에서 만나 결혼하고 한국의 밝은 미래를 이끌어갈 세 아이와 함께 모국에 성공적으로 정착한 입양인 서사가 완성된 것이다. 하지만 나와 내 동생들은 부모님처럼 복수 국적을 인정받지 못했기 때문에 부모님은 우리의 한국 국적 취득을 포기했다. 수반 취득으로 한국 국적을 취득하면 네덜란드 국적을 포기해야 했기 때문이다. 이에 따라 아이러니하게도 부모님은 법적으로 한국에 자녀가 없고, '외국 국적 불행사 서약'에 서명함으로써 나는 한국에서 고아가 되었다.

　그리고 우리는 2년 반 만에 네덜란드로 돌아갔다. 결국 한국은 우리의 영원한 보금자리가 아니었다. 한국의 초등학교에서는 졸업도 못 한 채 서둘러 친구들과 작별해야 했다. 아무리 노력해도 결국 완벽하게 적응하는 것은 어려웠다. 한국어가 서툰 부모님은 우리의 학교생활에 도움을 주실 수 없었다. 부모님은 네덜란드의 교육 환경이 더 좋다고 판단하셨다. 만약 한국에 계속 머무른다면 자식들이 더 좋은 기회를 놓칠 수 있다고 생각하셨다. 물론 그맘때 나도 네덜란드의 관습과 음식이 그리워졌고, 한

232

국 생활이 항상 쉬웠던 것만도 아니었다. 하지만 네덜란드로 돌아간 후에 이런 것은 사소한 문제였다는 것을 알게 되었다. 내 마음 깊이 자리 잡은 근본적인 소속감 결핍에 비하면 아무것도 아니었다.

초등학교 마지막 학년에, 네덜란드를 떠나기 전 같은 반으로 돌아온 나는 심한 왕따를 당했다. 이유는 내가 달라졌기 때문이었다. 나는 더 이상 외모만 다른 네덜란드 소년이 아니었다. 네덜란드어를 할 줄 아는 한국인 소년이 된 것이다. 나는 큰 상실감과 허탈한 마음을 안고 중학교 생활을 시작했다. 여느 아이들처럼 새로운 출발이었지만 뭔가가 달랐다. 그때부터 나는 한국에서 느꼈던 소속감과 보금자리의 안정감을 잃어버리고 내면적으로 끊임없이 방황했다. 소속감 부재는 나를 불안하고 조급하게 만들었다. 그 어떤 소속감이라도 찾고자 할 수 있는 모든 것을 다 했다. 네덜란드 국가를 외우고, 축구 클럽과 보이스카우트, 뮤지컬 단체, 학교 동아리에 참여하면서 어딘가에 속하기 위해 노력했다. 뼈빠지게 일도 했다. 아르바이트를 세 군데나 뛰었고, 학교에서 일등 하려고 공부도 열심히 했다. 누구도 내가 자신들과 다르다고 말할 수 없도록, 적어도 그렇게 말하는 그들보다 성적이 높고, 그들보다 네덜란드어를 더 잘하고, 그들보다 네덜란드에서 더 나은 미래가 보장되어 있다고 말할 수 있도록 스스로를 단련했다. 나는 어떻게든 다시 네덜란드인이 되어야만 했다. 그렇게 고등학교에서 마지막 학년을 맞았다.

　나는 한국에서 살던 때의 소속감을 되찾고 싶었다. 누구나 평범하게 갖는 일상에서의 평온한 소속감, 그래서 자신이 소속되어 있다는 사실조차 깨닫지 못할 정도로 마음 깊숙이 뿌리내린 그런 소속감. 그 시절로 돌아가고 싶었다. 나는 네덜란드로 돌아가기 전, 한국에서 갑자기 떠나게 된 전날들의 평범함을 갈망했다. 한국은 환상의 세계, 되돌아가고 싶은 소속감의 낙원이 되어 있었다. 한국에서 여름방학을 보낼 때면 그 해방감을 조금이나마 다시 느낄 수 있었다. 그래서 항상 그곳으로 돌아가고 싶었다. 나 자신을 위해, 부모님을 위해, 가족을 위해, 핏줄을 위해. 부모님이 네덜란드로 입양된 것은 우리 가족의 오랜 역사에서 그저 독특하고 아주 짧은 초국적 순간이 되어야만 했다. 그래서 우리는 되돌아간 것이었다. 그래서 부모님은 복수 국적을 갖게 된 것이었다. 그래서 부모님은 나중에 한국으로 돌아가 자신들이 태어난 땅을 마지막 안식처로 삼기 위해, 다른 입양인들과 함께 바다가 보이는 산골짜기에 한옥 마을을 짓고 평화롭게 말년을 보낼 계획이었다.

　결국 나는 한국에 돌아왔다. 하지만 이번에는 모든 것이 달라져 있었다. 어릴 때 느꼈던, 평온하고 평범한 세계가 더 이상 아니었다. 나는 한국어를 할 수 있었지만 대화할 수준은 못 되었다. 음식 재료는 알지만 요리법은 몰랐다. 가사를 읽으면서도 음악을 모르는 셈이었다. 색깔의 이름은 알지만 색을 구별하지 못하는 색맹이 된 기분이었다. 나는 스스로 한국인이고 소속감이 있다고 생각했지만, 한국 사회가 내게 어떻게 대해야 하는지는 모르는 것 같았다. 어떤 사람들은 내가 네덜란드에서 태어났고 네덜란드어가 모국어라는 이유로 나를 네덜란드인이라고 생각한다. 또 다른 사람들은 유전적 요인만으로 나를 한국인으로 판정한다. 사회의 일원으로서, 한국인으로서 남기 위해 오랜 세월 노력했지만, 이런 노력은 어느 쪽에서도 인정받지 못했다. 이 때문에 나는 인정과 존엄성을 찾기 위해 해외 입양의 역사를 연구하고 입양인들의 자녀를 연구하기 시작했다. 죽도록 일해서 정상에 오르는 패턴을 한국에서도 반복했고, 지금은 대학원에서 최고가 되기 위해 발버둥 치는 내 모습을 자각하게 됐다. 최근에야 비로소 나 자신을 지나치게 밀어붙이고 있다는 생각이 들기 시작했다.

내 이름은 바스티안 플릭베이르트, 그리고 신서빈이다. 나는 한국의 외국인등록증이나 재외동포국내거소신고증에 한국 이름을 넣을 수 없다. 그래서인지 내가 갖고 있는 외국인등록증보다 부모님의 한국 이름이 나오는 주민등록증이 더 예뻐 보인다. 내 등록증에는 네덜란드에 등록된 이름, 바스티안 서빈 플릭베이르트가 그대로 남아 있다. 네덜란드에서도 나는 합법적으로 성을 한국 성으로 바꿀 수 없다. 어쩔 수 없이 두 개의 이름, 두 개의 인격을 가지고 있는 이유다. 이 두 인물은 큰 차이가 나는 두 문화, 두 나라에서 왔고 서로 다르게 발달했다. 외모를 기준 삼아 나를 이방인으로 여기는 네덜란드 사회가 있는가 하면, 오직

유전적인 기준으로 나를 동포로 간주하는 한국 사회가 있다. 네덜란드에서는 문화적 배경을 기준 삼아 나를 국민으로 여기고, 한국 사회에서는 문화적 배경을 문제 삼아 나를 검은 머리 외국인으로 간주한다. 나는 양립도 화해도 못 하고 분열된 채, 늘 길을 잃고 영원히 소속되지 않는 존재다. 나는 부모님이 한국에 있는 친생 가족을 찾고 국가로부터 한국인으로 다시 인정받은 후에도, 내가 재외동포로 인정받고 F4 비자로 한국에 돌아온 후에도 여전히 나 자신을 찾고 있다. 선택권 없이 강제로 입양되고 해외 이주를 당한 부모님을 둔 나는 네덜란드에서 태어났다. 나는 내 선택과 무관하게 그 나라에서 태어났다. 그리고 나는 내 의지에 따라 다시 한국에 왔다. 두 자아 사이에 숨겨져 있는 소속감을 찾으러.

- **이름** Bastiaan Flikweert(한국 이름: 신서빈)

- **생년월일** 1999년

- **국적** 네덜란드

- **글쓴이** 현재 한국에 거주하며 한국의 입양사를 연구하고 있다. 한국 입양인의 후손DoKADs 커뮤니티 활동도 하면서 입양이 미치는 세대 간 영향에 대한 인식을 확산시켰다. 인생의 4분의 1을 한국에서 살았고 한국어도 유창하게 구사한다.

서른세 번째.

포기와
거래

_마리 루이스 왕

저는 마리 루이스 왕입니다. 하지만 저는 제 예전 이름 최진숙
이 더 흥미롭게 여겨집니다.

이 이름으로 불린 기간은 3개월에 불과하지만, 제게는 여전히
많은 의미를 띠며, 제게 진실을 찾고자 하는 의욕을 자아내기도
합니다. 제 이야기, 제 정체성, 제 친생 가족을 찾으려면 이 이름
에서 시작해야 합니다. 아직 답을 듣지 못했지만, 가장 중요한 질
문은 '최진숙이라는 나는 누구였을까?'입니다.

처음부터 시작해보겠습니다. 최진숙은 전통적인 방식으로, 다
시 말해 부모님이 저를 위해 신중하게 선택한 이름이 아닙니다.
대신 한국사회봉사회KSS의 어느 낯선 사회복지사가 지어준 것입
니다.

저는 태어난 순간 다른 가족에게 보내질 운명이었습니다. 서울

에서 태어났지만, 석 달 만에 덴마크로 입양되었죠.

위조된 것으로 추정되는 입양 서류에는 제 이름의 '진'이 '진실'을 의미하고, '숙'이 '깨끗함'을 뜻한다고 적혀 있습니다. 저는 진실되고 깨끗한 사람이고 싶습니다. 하지만 역설적이게도 제 입양 과정이 진실이나 깨끗함과는 거리가 멀다는 것을 알고 있습니다. 저는 제 입양을 거짓에 기반한 포기이자 더러운 거래라고 부르고 싶습니다. 아마 제 이름은 앞으로 일어날 일, 즉 진실을 밝히고 찾으려는 제 노력을 예견하고 지어졌는지도 모르겠습니다.

저는 늘 저 자신을, 거짓과 잘못된 정보에 휘둘리기보다는, 비록 힘들더라도 진실을 선호하는 사람이라고 여겨왔습니다. 그럼에도 불구하고 저는 입양된 가정에 만족하며 30년 넘게 살아왔습니다. 입양과 관련된 이야기가 언론에 오르내릴 때면 입양 실패와 사기극이 떠올랐습니다. 저는 그때마다 고개를 돌리면서 적어도 내 입양만큼은 그렇지 않다며 스스로를 속였습니다. 저는 경찰서 계단에 버려진 것도 아니고, 옷에 종이 쪽지를 붙인 채 홀로 남겨진 것도 아니었습니다. 저는 제게 더 나은 삶을 선사하기 위해 친어머니가 사랑으로 버린 아이였습니다. 저는 너무 오랜 세월 진실을 보지 못했습니다. 더 이상 진실을 숨겨서는 안 됩니다.

2023년 8월, 마침내 깨달았습니다. 제 과거를 직접 찾아보기로 결심했습니다. 가족에게 불만이 있거나 덴마크에서의 생활이 못마땅해서가 아니었습니다. 진실을 알아야 했기 때문입니다. 저는 우리 모두에게 진실을 알 권리가 있다고 믿습니다.

서류를 받아보기 위해 제 입양을 담당했던 KSS에 편지를 썼습니다. 5주 후 한 통의 이메일을 받았습니다. 모든 것을 의심하게 만드는 내용이었죠. 양부모님의 마음을 다치게 하고, 그분들에 대한 미안함과 후회를 몰고 온 메일입니다.

서류에 따르면 제 친어머니는 대학생이었고, 어머니(제게는 외할머니)에게 임신한 것을 숨겼다고 합니다. 훗날 그 사실을 알게 된 외할머니는 딸을 산부인과에 데려가셨습니다. 친어머니와 배 속에 있던 저의 건강 상태가 양호했는데도 불구하고 유도분만이 이루어졌습니다. 그리하여 저는 34주 만에 미숙아로 태어났습니다. 친어머니는 제가 사망한 채 태어났다고 들어 그대로 산부인과를 퇴원했습니다. 저는 의사의 도움으로 KSS로 옮겨졌습니다. 저를 입양 보낸 사람은 친어머니가 아닌 다른 분이었습니다. KSS에 물어보니 외할머니에게 제 입양 동의 권한이 있었다고 하더군요. 그래서 외할머니가 동의했냐고 묻자, KSS에서는 입양 배경과 관련이 없어 그 내용은 공개할 수 없다고 했습니다. 제게는 입양 동의 여부가 가장 중요한 사항입니다. 동의가 없었다면, 저는 입양되어서는 안 되었기 때문입니다.

1992년 제가 양부모님과 연결되었을 때, 입양 기관은 친어머니 나이가 어려서 저를 돌볼 수 없으니 아이가 좋은 가정에서 자라기를 원한다는 내용의 문서를 양부모님께 보냈습니다. 친어머니가 제게 더 나은 삶을 주기를 원했다는 것이었습니다. 진실과는 완전히 동떨어져 있었죠. 제가 태어난 첫날부터 친어머니는 제가 죽었다고 믿었습니다. 따라서 공개된 문서에 따르면, 생모가 아닌 제3자가 저를 포기하고 입양을 보내는 데 동의했거나, 아니면 적절한 동의 절차 없이 입양이 이루어졌다는 뜻입니다.

저는 태어난 후 덴마크에 보낼 수 있을 만큼 건강해질 때까지 인큐베이터에서 치료를 받았습니다. KSS가 정말로 제 친어머니를 찾고자 했다면 충분한 시간이 있었습니다. 그들은 그녀에게 진실을 말할 시간이 있었습니다. 하지만 그들이 노력했다는 증거는 없습니다.

KSS와 메일을 주고받은 지 1년이 조금 넘었습니다. 4~5주마다 그들에게서 이메일을 받고 있는데, 매번 실망스럽습니다. 그들은 저를 포기하게 만들려 하고, 제가 제시하는 사실들을 무시하고 있습니다. 4~5주마다 저는 그들에게 편지를 쓰고 답신을 기다리면서 그들이 새로운 사실에 기반한 내용을 보내오길 바랄 뿐입니다.

그들은 책임지지 않으며, 입양법과 개인정보보호법에 대한 자신들만의 정의와 해석 뒤에 숨어 있습니다.

입양인이 아닌 분들에게는 1년 동안 아무 답도 없이 메일을 주고받는 게 아주 긴 시간처럼 느껴질 수도 있습니다. 하지만 다른 입양인들에 비하면 제 1년은 그리 긴 시간이 아닙니다. 많은 사람이 수십 년 동안 답장을 받지 못한 채 헤매고 있습니다.

사실 저는 다른 입양인들에 비하면 운이 좋다고 생각합니다. 적어도 KSS에서 몇 가지 서류는 보내주었기 때문입니다. 하지만 우리는 운에만 의지해서는 안 됩니다. 개인 정보를 입수하고 진실을 밝히는 일이 그렇게 어려워서는 안 됩니다. 제게 이것은 기본적인 알 권리에 속합니다. 우리는 정체성, 가족, 뿌리에 관해 알 권리를 갖고 있습니다. 제가 많은 것을 요구하는 것은 아닙니다. 저는 저와 관련된 문서를 원할 뿐입니다.

어머니는 제게 종종 이렇게 말씀하셨습니다. "언젠가 네 친어머니를 꼭 찾을 수 있기를 바란다. 그분께 감사 말씀을 드리고 싶어. 내가 네 엄마가 될 수 있게 해주셔서 내 삶이 온전해졌다고." 그 말의 여운은 씁쓸합니다. 이제 어머니는 제 친어머니에게 감사하는 마음 대신에 깊이 사과하고 싶어하십니다. 그녀 인생에서 가장 큰 꿈은 엄마가 되는 것이었지만, 거짓과 다른 이의 슬픔 혹은 아픔을 기반으로 엄마가 되는 것은 아니었습니다. 저는 어머니가 그렇게 죄의식을 느끼며 사는 게 싫습니다. 부모님께는 잘못이 없습니다. 그분들은 아무것도 몰랐습니다. 반면 입양 기관은 모든 진실을 알고 있으면서도 저를 입양 보냈습니다.

자기 자신에 대해 알 권리가 진실을 향한 싸움이 되고 시대를 거스르는 싸움이 되어버렸습니다.

- **이름** Marie Louise Wang

- **생년월일** 1992년

- **국적** 덴마크

- **입양 시 나이** 3개월대

- **한국 입양 기관** 한국사회봉사회

- **입양 동의서 포함 여부** 입양 동의서나 경찰 신고서가 입양 서류에 포함되지 않았다.

- **글쓴이** 덴마크의 작은 도시에서 아버지, 어머니, 언니와 함께 살았다. 대학에서 경제와 경영학을 공부했다. 현재 결혼해 슬하에 아들을 두었고, 가족 소유 기업에서 일하고 있다.

서른네 번째.

양부모의 학대를 잊지 않는 것이
가장 중요했습니다

_수산나 킴 페데르센

이 이야기는 잘못된 입양에 관한 것입니다. 사실 한국에서 받은 이름은 제 것이 아닙니다. 다른 많은 입양인의 사례처럼 제 한국 서류도 엉망진창입니다. 그렇더라도 일단 제 서류가 사실이라고 가정하고 시작하겠습니다.

제 소개부터 할게요. 본명은 김선아이고, 덴마크에서는 수산나 킴 페데르센으로 불립니다. 나이는 54세이고, 사랑스러운 딸아이의 엄마이며, 덴마크에서 살고 있습니다.

제 입양 이야기가 유별난 것이기를 바랍니다. 제가 덴마크에 도착한 후 보고, 듣고, 느낀 것을 다른 아이들은 경험하지 못했기를 진심으로 바랍니다. 안타깝게도 그렇지 않을 가능성이 더 크지만요.

저는 1973년, 생후 3년 11개월째에 덴마크로 보내졌습니다. 코

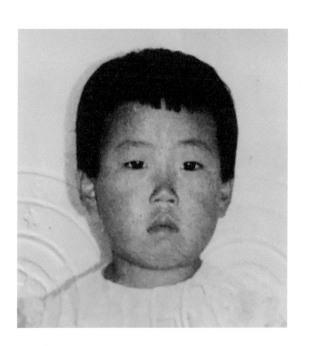

펜하겐의 카스트루프 공항에 도착해 비행기에서 내릴 때 너무 슬퍼 울어서 사람들은 제 얼굴을 보기도 전에 울음 소리부터 들었다고 합니다. 양아버지는 저를 데리러 혼자 그곳에 오셨고, 양어머니는 올보르 공항에서 기다리고 계셨습니다.

제가 입양된 가정에는 세 명의 친자녀가 있었습니다. 제가 입양되기 전해에 넷째가 사망했는데, 저는 그 아이를 대신해 입양된 것이라고 들으며 자랐습니다. 이 가정은 불화와 갈등이 심했습니다.

거의 만 4세에 보내졌음에도 불구하고 제게 한국에서의 기억은 전혀 없습니다. 기억이 모두 삭제되었습니다. 덴마크에 도착했을 당시에는 한국어를 할 줄 알았습니다. 그 사실이 저와 한국을 이어주는 유일한 끈이었지만, 새 가정에 적응하면서 한국어는 지워졌습니다. 저는 처음에 양아버지를 무서워했는데, 두려움을 떨치기까지 반년이 걸렸다고 들었습니다.

6세부터 10세까지 양아버지로부터 성적 학대를 당했습니다. 양어머니 역시 저를 신체적, 정신적으로 학대했습니다. 성적 학대는 가정과 학교 모두에서 일어났습니다. 양부모님은 제가 다니던 학교의 교사였기 때문에 저는 두 분에게 수업을 들어야 했거든요. 다시 말해, 저는 그들에게서 결코 벗어날 수 없었습니다! 제 어린 시절과 십대를, "뒤에서 누가 덮칠지도 모르는 상황에 신경 쓰면서 앞으로 달려가는" 것처럼 살아냈습니다. 마치 지금 있는 곳에서 벗어나려고 끊임없이 시도하지만 결국 아무 데도 가

지 못하고 제자리를 맴돌던 저 자신을 기억합니다.

저는 학대가 잘못되었다는 것을 늘 알고 있었기에 여섯 살 때부터는 그런 상황을 기억해두려고 노력했습니다. 그 외에는 어린 시절의 기억이 전혀 없지만, 학대를 잊지 않는 것이 가장 중요했습니다!

한번은 적극적으로 도움을 청해보려 했습니다. 저는 모든 사람이 서로 알고 지내는 작은 마을에서 자랐습니다. 이웃 중에는 의사도 있었지요. 의사 선생님 딸과 놀기 위해 그 집에 방문한 적이 있습니다. 선생님께 학대에 관해 털어놓으면 도움을 받을 거라 기대하며 기회를 엿봤습니다. 하지만 막상 기회가 왔을 때는 용기를 낼 수 없었습니다. 저는 결국 겁먹은 어린아이였을 뿐이죠.

아이들은 항상 부모를 보호하고 싶어합니다. 특히 "네가 비밀을 말하면 아빠는 감옥에 간다"는 말을 들으면 더 그렇게 됩니다. 아이들이 살아가기 위해서는 어른이 필요하거든요. 하지만 저를 보호해주어야 할 그분들은 제 영혼 빼고는 모든 것을 앗아갔습니다. 그들은 저를 파괴하는 데 온 힘을 쏟았고 대개는 성공했습니다.

저는 열여덟 살에 집을 떠났습니다. 덴마크에서는 18세에 법적 성인이 됩니다. 양부모가 저를 더 이상 통제하거나 저에 대해 결정 내릴 수 없게 되는 거죠. 저는 노르웨이의 오슬로로 갔습니다. 언어적·문화적으로 덴마크와 비슷한 그곳은 제게 새로운 나라가 되었고, 힘들게 싸워온 독립을 위한 연착륙지가 되었습니다.

하지만 제 마음의 그림자도 뒤를 따라왔죠. 저는 전 파트너 가족의 친구였던 간호사와 치료적 대화를 시작했습니다. 이 과정은 잠시나마 또 다른 안식처가 되었습니다.

우리는 심리학자의 전문적인 도움을 받아야 한다는 데 의견을 같이했고, 그 후로 제 삶을 이해해보려고 계속 치료를 받아왔습니다. 저는 삶의 의미를 찾기 위해 열심히 싸웠고, 양부모에게서 당한 학대를 넘어 마음의 평화를 찾는 데 인생의 대부분을 바쳤습니다.

저는 2003년 덴마크 정부에 입양 가정에서의 성적 학대와 반복되는 신체적·정신적 폭력을 이유로 입양을 취소(파양)해달라고 요청했습니다. 저는 더 이상 그들의 거짓말을 숨기지 않기로 결정했고, 더 이상 그들과 함께 살고 싶지 않았습니다. 그들은 저를 가족으로 대하지 않았습니다. 물론 저를 먹이고 입혔지만……오로지 그것뿐이었습니다.

오랜 세월 저는 무기력하게 두 팔을 축 늘어뜨린 채 서 있었습니다. 손을 뻗을 대상이 없어 허공에 내밀고 허우적거렸습니다. 이제는 입양 과정에서 일어난 일에 대해 누군가가 책임지는 것이 얼마나 중요한 일인지 알게 되었습니다. 아무리 잔인하고 고통스럽더라도 저는 제 입양 이야기의 진실을 알고 싶습니다.

• **이름** Susanna Kim Pedersen

• **생년월일** 1970년

- **국적** 덴마크

- **입양 시 나이** 3살 9개월대

- **한국 입양 기관** 한국사회복지사회

- **입양 동의서 포함 여부** 입양 동의서나 경찰 신고서가 입양 서류에 포함되지 않았다.

- **글쓴이** 심리치료사 교육을 받았고, 현재 살고 있는 오르후스의 한 학교에서 교육자로 일하고 있다. 27세의 딸 에밀리가 있다.

서른다섯 번째.

하늘에서 떨어진 사람은
공허함을 떨치지 못합니다

_요아킴 베른

3년 전 갑자기 부산에서 버려진 고아가 아니게 되다

저는 1976년 8월 3일에 태어나 그해 10월 31일 코펜하겐 공항에 도착했습니다. 생후 3개월째에 입양된 것이죠. 부모님은 제가 생후 며칠 후 부산의 한 경찰서 계단에서 발견되어, 그 도시에서 조금 떨어진 남광보육원에서 지내다가 덴마크에 온 것으로 알고 계셨습니다.

그때 저는 손목에 작은 팔찌를 차고 있었고 거기엔 '김영식'이라는 한국 이름이 적혀 있었습니다.

덴마크에 왔을 때 제 몸무게는 3.7킬로그램밖에 안 됐다고 합니다. 생후 3개월 된 아이치고는 너무 가벼웠죠. 그로부터 얼마 지나지 않아 과체중에 이중턱과 통통한 볼살까지 갖게 되었습니다. 왜 덴마크에 도착했을 때는 그렇게 영양실조 상태였을까요?

양부모님이 들은 바에 따르면, 남광보육원의 재정 상태가 좋지 못해서 부유한 가정에 입양될 아이들에게는 충분히 먹이지 않았다고 합니다. 제 가족과 저는 그 말을 믿었습니다.

부모님은 자녀를 갖지 못하셨기 때문에 저는 그분들에게 소원을 이뤄준 아이였습니다. 지금 저는 마흔여섯 살이 되었고, 지난 세월 내내 길거리에 버려둔 채 떠난 친부모님은 저를 어떻게 생각하셨을까를 떠올리며 살아왔습니다. 이것이 지금까지 믿어온 제 이야기입니다. 제가 어디서 왔는지도 모르고, 친부모가 왜 자식을 길거리에 버려야 했는지도 모르는 정체성의 위기 속에서 살아왔습니다.

어머니는 친어머니가 저를 부양할 돈이 없어 입양 보냄으로써 제 인생의 두 번째 기회를 주셨다고 말씀하셨습니다. 제 가족 모두 덴마크 입양 기관인 오르후스 입양 센터에서 양부모님께 들려준 이 이야기를 믿고 살아왔습니다.

아버지, 제 생물학적 가족을 찾을 수 있을까요?

저는 서부 유틀란트의 리베라는 작은 마을에서 자랐습니다. 제게는 입양된 남동생도 있는데 그는 덴마크 태생입니다. 저는 대장장이로 교육받았고 후에는 해양 엔지니어로 일했습니다. 저는 해양 산업에서 오랜 경력을 쌓았으며, 지금은 선박용 2행정 엔진의 친환경 기술을 연구하고 있습니다.

언젠가 업무차 부산에 갔을 때 시내를 산책하다가 경찰서를 지났습니다. 멈춰서서 경찰서 사진을 몇 장 찍었습니다. 어쩌면 이곳이 친어머니가 저를 놔두고 간 경찰서일지도 모른다고 생각했기 때문입니다.

한국에서 입양되어 덴마크 같은 나라에서 자라다보면 남들 눈에 띄는 존재가 됩니다. 보통 아이들과 다르다는 사실을 매일 의식하게 되죠. 이는 의심할 여지 없이 성격 형성과 대인관계에 영향을 미칩니다.

입양아들은 인생의 시작점부터 트라우마를 안고 살아갑니다. 친부모가 없다는 점은 우리에게 깊은 상흔을 남깁니다. 트라우마에서 벗어나는 것은 몹시 힘듭니다. 다른 사람들에게는 그 감정을 설명하기가 너무 어렵습니다. 심지어 가족들에게조차 생김새가 다른 입양인인 제가 느끼는 감정과 느낌을 설명하기란 쉽지 않습니다.

언젠가 친생 부모를 찾을 가능성이 있을지 아버지께 여쭤봤습니다. 아버지께서 그들을 찾는 것은 건초더미에서 바늘 찾기보다 더 어려울 거라고 대답하셨던 기억이 납니다.

의사였던 아버지는 1986년 입양아 송환 행사 참석차 한국에 다녀오셨습니다. 입양아 송환을 위한 비행기에 함께 탑승할 의사가 필요하다는 요청에 응하셨던 겁니다. 서울에 머무는 동안 아버지는 한국사회봉사회KSS를 방문해 제 친생 부모에 대한 정보를 물어보셨습니다. 그러자 친어머니들이 자녀를 입양 보낸 후 어떻게 지내는지 문의하러 오는 일은 종종 있지만 저를 찾으러 오

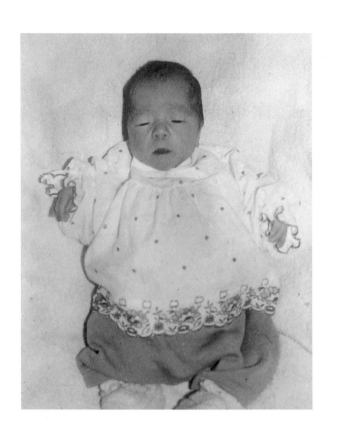

는 사람은 없었다는 답변을 들으셨답니다.

고아라는 정체성이 뒤바뀌다

성인이 되어 연애를 시작했을 때 저는 애착 문제를 심하게 겪었습니다. 또 다른 상실을 겪을까봐 두려워 무의식적으로 여자친구를 밀쳐냈습니다. 서른세 살이 되어서야 여자친구와 안정적인 관계를 유지할 수 있었습니다. 우리는 만난 이후 줄곧 코펜하겐에서 살았고, 지금은 그녀와 결혼해 함께하고 있습니다. 덕분에 저는 안정감을 얻었고, 입양인으로서 느끼는 어려운 감정과 직면할 용기도 생겼습니다. 그럼에도 여전히 입양 후유증을 겪고 있습니다. 그 후유증은 늘 그림자처럼 저를 따라다닙니다.

2020년에 저는 제 신상에 관해 더 많은 정보를 얻고자 KSS에 연락했습니다. 그러자 갑자기 모든 것을 뒤집어놓을 정보가 담긴 답장을 보내왔습니다. 제가 부산에서 태어나지 않았으며, 남광보육원에서 지낸 적도 없다는 것이었습니다. 제가 태어난 곳은 서울이며, 친어머니는 서른다섯의 미혼모라고 그들은 말했습니다. 저는 충격을 받았습니다. 친어머니는 교제하던 남자와의 사이에서 저를 임신했는데 남자는 이 사실을 알고 어머니를 떠났다고 합니다. KSS는 제가 조산원에서 태어났고, 저를 KSS에 데려온 사람은 바로 출산을 도운 조산사였다고 말해주었습니다.

갑자기 세상이 멈춰버린 것 같았습니다. 정말로 누군가는 제 친어머니에 대한 정보를 가지고 있지 않을까요?

그날 이후로 저는 제 서류와 신상 정보를 요청하기 위해 KSS
와 여러 차례 이메일을 주고받았습니다. 아동을 합법적으로 입
양하려면 특정 서류를 제출해야 합니다. 그중 하나가 친부모 동
의서입니다. 현재 KSS는 이 동의서를 가지고 있다고 주장하지만
열람은 불허하고 있습니다. 입양인은 이 문서에 접근할 권리가
없다는 게 그들의 주장입니다.

덴마크 입양 기관도 법적으로 친부모의 동의를 요구하고 있지
만, 놀랍게도 그들 역시 동의서를 보지 못했습니다.

출생 기록에 대한 진실을 찾기 위해 품는 희망

저는 친어머니와 한국의 가족들을 만나기를 열망합니다. 그리
고 저를 입양 보낸 이유가 무엇인지, 자발적으로 그런 결정을 내
렸는지 물어볼 기회가 주어졌으면 좋겠습니다. 생물학적 혈연관
계는 그리 중요하지 않다고 말하는 사람들이 있습니다. 하지만
그들과의 인연이 끊어지면서 제 인생에는 공백이 생겼습니다. 마
치 하늘에서 떨어진 것처럼 정체성이 사라진 듯합니다.

오늘날 저는 보편적 복지국가로 알려진, 국민을 보살피는 데
부족함이 없는 나라에 살고 있습니다. 겉으로는 특권을 누리는
듯하지만 마음속에는 공허함이 있습니다. 누군가 제 이야기를
빼앗아갔는데, '당신이 내 목숨을 구해줬으니 감사하겠다'는 식
으로 살고 싶지는 않습니다.

저는 덴마크에서 자랄지 한국에서 자랄지 선택권이 주어졌다

면 어딜 택했겠느냐는 질문을 자주 받았습니다. 제 대답은 친어머니와 함께 자라는 것입니다. 입양인은 정체성, 언어, 문화, 그리고 무엇보다 친생 가족과의 관계를 상실한 사람들입니다. 이는 아이들에게 돌이킬 수 없는 상처를 입힙니다. 입양은 다른 모든 방법이 시도되고 난 후의 마지막 선택이어야 합니다.

- **이름** Joakim Bern

- **생년월일** 1976년

- **국적** 덴마크

- **입양 시 나이** 3개월대

- **한국 입양 기관** 한국사회봉사회

- **입양 동의서 포함 여부** 입양 동의서나 경찰 신고서가 입양 서류에 포함되지 않았다.

- **글쓴이** 코펜하겐에 거주하며 해양 엔지니어로 일하고 있다. 비르테와 결혼했고 MAN 에너지 솔루션에서 2행정 연소 엔진 개발 프로젝트에 참여하고 있다.

서른여섯 번째.

저는 아기 사냥의
희생자일까요?

_메이브리트 코드

제 성장 과정과 배경에 관해 글을 쓰자면 처음부터 시작하는 게 좋을 듯해요. 다른 분들처럼 저도 기본적인 것부터 이야기하고 싶어요. 심지어 개들한테도 족보가 있잖아요. 물론 제 이야기는 조금 더 복잡합니다.

저는 1976년 한국에서 태어났습니다. 실제 생년월일과 출생지는 알지 못합니다. 저는 고아로 등록되어 있었습니다. 이 말은 제가 도시 어딘가에 버려졌다는 것을 뜻합니다. 누군가가 저를 발견해 시청으로 데려다주었다고 합니다. 일종의 아기 배달이라고 할 수 있겠죠. 물론 시청은 아기를 위한 장소가 아니기 때문에 거기서 저는 마산의 한 고아원으로 보내졌습니다. 어쩌다보니 그후 서울로 옮겨졌고, 1977년 5월 16일 KLM 항공편을 이용해 코펜하겐으로 보내졌습니다.

1977년 5월 17일, 코펜하겐의 날씨는 화창했습니다. 제 삶이 처음으로 기록된 날이죠. 그 날짜 이전의 기록은 전부 흐릿하기만 합니다. 태어나서 8개월이 넘는 시간의 자기 삶을 전혀 알 수 없다고 상상해보세요. 어떤 입양 아동들은 세 살, 네 살, 심지어 여섯 살이 되어서야 입양 가정에 도착하는데, 그 오랜 시간 동안 자신이 어떤 환경에 처해 있었는지 알 수 없다고 상상해보세요. 저는 그런 현실을 간직한 채 살아오는 법을 배웠지만, 수용하거나 체념하지는 않았습니다. 저는 행운을 바라면서 서울의 홀트에 여러 차례 연락했고, 제 기록을 찾을 수 없다는 주장만 들었습니다. 그 와중에 홀트는 제 생년월일을 12월 3일에서 10월 22일로 변경한 사실은 인정했습니다. 40일 이상의 차이가 있습니다. 무엇 때문에 그랬을까요? 저는 아무런 이유도 듣지 못했습니다.

덴마크 의사들은 2023년 제 의무 기록을 바탕으로 생년월일을 변경할 만한 의학적 이유가 없었다는 결론을 내렸습니다. 그렇다면 생년월일을 왜 그렇게 바꾸었는지는 상상에 맡길 수밖에 없습니다. 오늘날 우리가 알고 있는 사실과 역사를 살펴보면 많은 영아가 사망했으며, 한국(홀트)은 이미 영유아들을 다른 나라에 입양 보내기로 약속한 상태였습니다. 신생아 사망률이 높은 당시 상황에서, 만약 특정 아이가 입양되기로 했는데 사망했다면 어떻게 했을까요? 저는 그들이 아기 사냥에 나설 수밖에 없었을 테고, 그래서 많은 아기가 도난 혹은 유괴를 당하거나, 혹은 출생 시 사망했다는 등의 서류 조작이 있었을 거라고 상상해봅니다. 약속된 아기 숫자를 맞추기 위해서 말이죠. 이런 일이 실제로 일어났다는 것을 확인하면서 제가 어떤 감정을 느꼈을지 궁금하지 않나요?

솔직히 저는 이 아기들의 생명이 아무 가치가 없는 것처럼, 오로지 입양 기관의 돈벌이를 위한 물건으로 취급되었다는 생각이 듭니다. 이런 현상은 아기를 보내는 나라나 받는 나라 양쪽 모두에서 일어났습니다. 이런 말을 하는 지금 이 순간까지도 제가 언제 어디에서 태어났는지 전혀 모른다는 사실이 슬픕니다. 제가 아이를 낳고 보니 생후 첫 몇 개월이 얼마나 중요한지 알 수 있었습니다. 출산 후 첫날부터 아이와 매우 긴밀히 접촉하면서 눈맞춤과 자극을 주고받게 되죠. 엄마에게서 분리되어 몇 달 동안 고아원에 맡겨진 아이들을 생각하면 슬프기만 합니다. 당시 고아원에서 일했던 아직 생존해 계신 분들의 증언을 종합해보면, 그 아기들은 그저 살아 있어야 하는 상품으로 취급되었다고 보는 게 맞습니다. 언제 어디서 발견되었고, 어떤 과정을 거쳐 옮겨졌는지는 우리 정체성을 이루는 중요한 부분이고요. 우리는 정체성을 기반으로 살아가야 하는데도 그런 것을 모르니 끔찍합니다. 더 큰 문제는 덴마크와 한국의 기관 모두 입양인들이 자기 기록에 접근할 권리를 거부하고 있다는 사실입니다. 아동권리협약 제8조 1항은 "참가국은 아동의 권리를 존중하며, 법률에 따라 인정된 국적, 이름 및 가족 관계를 보호하고 보존할 의무를 가진다"라고 명시하고 있습니다. 우리의 권리는 덴마크와 한국 모두에서

침해받고 있습니다.

한 가지만 분명히 말씀드리겠습니다. 저는 정말 멋진 어린 시절을 보냈습니다. 부모님은 세상에서 제일 좋은 분들이었습니다. 저는 시골에서 자랐고, 조부모님 역시 세상에서 가장 좋은 분들로 농장을 운영하셨습니다. 제가 어떤 분위기와 풍경 속에서 자랐는지 그려지시죠. 저는 정말 많은 특권을 누렸습니다. 하지만 돈으로 누린 특권은 아니었죠. 우리 가족은 부자가 아니었습니다. 열네 살이 될 때까지 외식한 기억이 없습니다. 어머니는 뜨개질과 바느질로 제 옷을 직접 만들어주셨어요. 우리는 덴마크 국경을 벗어나 여행한 적이 없습니다. 그렇지만 언제든 제게 시간을 내주고, 저를 사랑하고 지지하며, 저를 위해서라면 달까지 달려갈 준비가 되어 있는 부모님과 조부모님이었습니다. 이런 어린 시절의 삶에 감사하냐고요?

네, 물론 감사하지만, 입양에 관해 이야기할 때 '감사하다'라는 표현은 적절하지 않습니다. 입양인들은 항상 감사한지 그렇지 않은지에 대한 압박감을 느낄 필요가 없습니다. 친구들에게 '부모님이 주신 삶에 감사하지 않니?'라고 묻는다면 이상하게 생각할 겁니다. 하지만 입양인들에게는 늘 이런 질문이 뒤따릅니다. 많은 해외 입양인이 괴롭힘과 인종차별을 경험했는데도 말이죠. 우리 중 누구도 지구 반대편으로 옮겨지거나 자기 문화에서 분리되기를 원한 사람은 없습니다. 그래서 제게 중요한 것은 좋은 어린 시절을 보냈느냐가 아닙니다. 제 정체성과 가족을 찾을 수 있는지, 그리고 해외의 난임 부부에게 아이를 제공하는 과정에서 불법을 저질렀는지를 아는 것입니다.

저는 자라면서 항상 최고가 되려고 노력했습니다. 학교에서도 최고, 스포츠에서도 최고, 그리고 친구나 딸로서도 최고가 되려고 했습니다. 모든 면에서 으뜸이 되어야 아무도 저를 괴롭히지 않을 거라고 여긴 것 같아요. 하지만 늘 최고가 될 수 없다는 사실을 깨닫는 순간 저는 지쳤습니다. 최고가 아닌 순간 스스로에게 실망했고, 그럴 때마다 또다시 다른 최고를 찾아야겠다는 욕망을 품었죠.

자라면서 어색한 상황에 처할 때마다 그걸 견뎌내는 게 힘들었습니다. 그게 마치 제 책임인 양 해소하려고 노력했습니다. 농담을 던지거나, 다른 뭔가를 시도했어요. 저는 모든 사람을 기쁘게 해주고, 다들 괜찮은지 늘 확인하는 강박이 있었어요. 40여 년이 지나고 다른 입양인들과 이야기를 나누면서 저는 그들도 저와 비슷한 경험을 했다는 것을 알게 되었습니다. 항상 남들 눈에 띄지 않으면서 조용히 적응하고 싶은 바람이 그런 습관으로 나타났다고 여겨져요. 입양인이라는 사실은 성장기를 보내기에 좋은 조건이 아니에요. 자기 정체성을 되돌아볼 수 없다는 사실 때문에 우리는 자동적으로 남의 시선에 맞추며 살려고 노력하는 것 같습니다. 물론 그 시선에서 자유로워지는 시기가 오는데, 거기에 이르기까지는 꽤 격렬한 성장기를 겪을 수 있습니다. 평생 이런 문제로 힘들어하다가 결국 절망과 우울에 빠지는 입양인도 많습니다. 우리가 기억해야 할 것은 입양인 중 누구도 이런 일을 원하지 않았다는 사실입니다.

우리가 한국에서 자랐다면 삶이 힘들었을 거라고요? 대신 새로운 문화를 접하고, 새로운 부모를 만나 새 삶을 시작하게 되지 않았느냐고요? 학교에 가고, 파티에도 참석하고, 가족들이 생기고, 덴마크의 사회보장번호도 받지 않았느냐고요? 정말 어이가 없습니다.

덴마크 관할권이 아닌 한국에 우리의 진짜 신원 기록이 보관되어 있습니다. 그러니 그곳에서 누군가가 책임지고, 그들이 등록한 협약에 따라 해외 입양인들이 본인 문서에 접근하도록 해주길 바랍니다.

그때까지 저는 제 남편, 아이들과 함께 인생을 최대한 즐기려고 합니다. 저는 지금의 삶에 대해 하느님께 감사하지만, 입양된 아이들을 볼 때마다 가슴이 아파옵니다. 그 아이들에게 적응하려고 그렇게 오랜 세월을 낭비할 필요가 없다고, 있는 그대로의 모습만으로도 충분히 훌륭하다고 말해주고 싶습니다.

- **이름** May-Britt Koed

- **생년월일** 1976년

- **국적** 덴마크

- **입양 시 나이** 5~7개월대

- **한국 입양 기관** 홀트

- **입양 동의서 포함 여부** 입양 동의서나 경찰 신고서가 입양 서류에 포함되지 않았다.

- **글쓴이** 코펜하겐에 있는 이탈리안 레스토랑의 CEO 겸 소유자. 이탈리아 음식 및 와인 여행 가이드, 투어 플래너, 통역사를 겸하고 있다. 이탈리아 출신의 알프레도와 결혼해 슬하에 네 딸을 두었다.

서른일곱 번째.

신의 선물이 겪은
어둠

_크리스티나 호펜시트 닐센

입양된다는 것은 늘 좋은 일일 수 없습니다. 덴마크인이 아니라는 정체성 문제와 싸우고, 덴마크인처럼 보이지 않는다는 이유로 타인의 괴롭힘을 당하기도 합니다.

어린 시절 제 보호자였던 양어머니조차 저를 충분히 배려해주지 않았습니다. 그래서 늘 갈등을 겪었습니다. 양어머니는 임신이 불가능한 상황에서 입양하게 돼 저를 신의 선물로 여겼다고 합니다. 그런데 앞면이 반짝이면 뒷면이야 어떻게 생겼든 중요하지 않았나봅니다.

너는 왜 이 사람이나 저 사람처럼 행동하지 않느냐고, 왜 머리를 포니테일로 묶지 않느냐고 하면서 양어머니는 자주 싫은 소리를 했습니다. 어린 시절에는 제가 머리핀이나 머리띠를 잘 하려 하지 않는다는 이유로 머리를 기르는 것이 허용되지 않았습니다. 저는 그저 머리를 풀고 다니는 게 제게 가장 잘 어울린다고 생각했을 뿐입니다. 너는 옷차림이 왜 그러냐는 말도 많이 들었습니다.

이런 말은 십대 시절 제가 의지해야 했던 여성으로부터 끊임없이 들은 소리의 극히 일부에 지나지 않습니다. 저는 그녀에게서 사랑받고 있다고 느껴본 적이 한 번도 없었습니다. 어른이 되어서도, 아이들의 아빠와 헤어졌을 때조차 그녀는 저를 안아주거나 제게 위로의 말을 건네지 않았습니다. 가족 모임이 있을 때면 나머지 가족들은 껴안으면서도 제게는 손만 내밀었습니다.

어른이 되어 제가 스스로를 보호하고자 우리 사이에 거리를 두려고 했을 때 그녀는 불평을 늘어놓았습니다. 왜 자주 방문하지 않느냐면서 전화하거나 문자를 보냈습니다. 그녀는 늘 피해자였습니다. 자기 잘못을 인정하지 않았습니다. 그녀가 항상 강조했듯이, 본인은 절대 잘못한 게 없고 모든 문제의 원인은 항상 저였습니다. 그럼에도 저는 신체적으로나 정신적으로나 스스로 강하다고 믿기 때문에 절대 무너지지 않습니다.

한국사회봉사단KSS을 방문한 일은 실망스러웠습니다. 그냥 앉아서 제 서류에 대한 설명만 들었습니다. 새롭게 알게 된 사실은 하나도 없었습니다.

그들은 제 이름이 한국어로 어떤 의미인지 알려주었습니다. 저는 미팅 전에 이미 서류를 살펴봤기에 언제 무엇을 물어야 할지 알고 있었습니다. 그래서 때가 됐을 때 그들에게 남광보육원에서 받은 서류를 보여주었지만 그들은 그 서류에 대해서는 아는 바가 없다고 말했습니다. 왜 제 이름 칸에 '알 수 없음'이라고 적혀 있다가 나중에 다른 색깔 펜으로 제 이름이 추가되었냐고 물었을 때 그들은 그냥 사회복지사로부터 제 이름을 받았다고만 말했습니다. 왜 그들은 제 서류에 대해 설명하기 전에 처음부터 그렇게 말하지 않았나요? 장밋빛 그림을 그리려고 노력하는 대신 말이죠.

KSS 사무실에서 서류에 대해 질문하는 동안 한 담당자가 제 서류를 훑어보고 있었습니다. 저는 그걸 보여달라고 요청했지만 거절당했습니다. 제가 그들의 말대로 고아라면 그 서류를 직접 살펴본다고 해서 누구에게 해가 되는 건 아니잖아요? 그 서류가 위조된 것이 아니라면 말입니다. 하지만 제 서류는 하나도 일치하지 않습니다. 저를 찾고 있는 가족이 있기는 한가요? 있다면 어느 도시에 살고 있을까요? 저는 납치된 것일까요? 아니면 가족에 의해 넘겨진 것일까요? 혹시 입양 기관이 우리 가족을 속여 저를 포기하게 만든 것은 아닐까요?

온통 거짓말투성이입니다. 진실을 말하고 싶지 않은 것일 수도 있겠지요. 이것이 제가 그날 KSS 사무실에서 느꼈던 감정입니다. 그들은 정말 우리가 멍청하다고 생각하는 걸까요? 다른 나라에서 자랐다고 우리 지능까지 문제가 있는 것은 아닙니다. 우리에게는 여전히 우리의 DNA가 남아 있습니다.

한국에 제 가족이 있는지 없는지 모르니 정말 혼란스럽습니

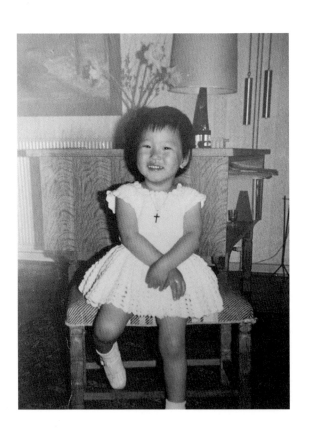

다. 많은 생각이 듭니다. 휴가 때 한국의 거리를 걸으면서, 길거리에서 스쳐 지나가는 사람들을 보면서, '저 사람이 내 어머니는 아닐까? 아버지나 형제자매, 사촌 또는 조카는 아닐까? 혹은 내 할아버지나 할머니, 삼촌이나 이모는 아닐까?'라는 생각을 합니다. 그들이 저를 포기했다면 왜일까요? 돈이 없어서였을까요? 만약 제가 납치된 것이라면 그들은 아직도 저를 찾고 있을까요?

이곳 덴마크에서의 생활이 불만족스러운 것은 아니지만, 진실을 알고 싶습니다.

도대체 그때 한국에서 제게 무슨 일이 일어났던 걸까요?

- **이름** Christina Hoffenzits Nielsen(한국 이름: 유진경)

- **생년월일** 1971년

- **국적** 덴마크

- **입양 시 나이** 2살대

- **한국 입양 기관** 한국사회봉사회

- **입양 동의서 포함 여부** 입양 동의서나 경찰 신고서가 입양 서류에 포함되지 않았다.

- **글쓴이** 싱글맘. 30년 넘게 해양 산업 분야에서 근무했고 덴마크에서 유일하게 여성으로서 자격증을 취득한 해양 크레인 운전사다.

서른여덟 번째.

사랑하는
아버지께

_김동희

제 이름은 김동희입니다. 1979년 부산에서 태어났고, 생후 4개월 때 네덜란드에 도착했습니다. 가족으로는 양어머니, 양아버지, 그리고 그들의 친아들 두 명이 있습니다.

저는 열두 살 때 원가족을 찾았고, 스물일곱 살 때 처음으로 한국을 방문했습니다. 수년에 걸쳐 저는 한국을 여섯 차례나 방문했고, 원가족의 역사와 입양 뒤에 숨겨진 진실에 대해서도 조금씩 알게 되었습니다.

제게 행복을 찾는 유일한 방법은 진실을 알고, 개인적인 차원에서도 화해를 하는 것입니다. 한국인 아버지와의 관계가 그 의미를 명확히 보여주는 한 사례입니다. 아버지는 2018년에 돌아가셨고, 저는 장례식 기간에 가족들과 함께했습니다. 이 편지를 통해 아버지를 다시 한번 기리고 싶습니다.

사랑하는 아버지께,

당신이 세상을 떠난 지 5년여가 지났고, 지난 1월은 당신의 생일이었습니다.

최근에 저는 우리 관계를 자주 되짚어보고 있습니다.

함께한 시간이 너무 짧았다는 사실 때문에 후회되고 슬픔이 밀려옵니다. 최근까지도 저는 당신의 고통과 관점을 이해하지 못했습니다. 머리로는 당신이 어떻게 사셨는지 알고 있었지만, 제 마음은 열리지 않았고 온전히 이해할 수도 없었습니다.

저는 인생의 대부분을 유럽인으로 살았습니다. 솔직히 한국이나 아시아에 대해 아무것도 몰랐습니다. 좌절과 분노로 가득 찬 삶을 살았죠. 이제 저는 그 분노의 이면에 많은 고통과 슬픔, 마음의 구멍이 있었다는 것을 깨닫습니다.

15년 전 우리가 처음 만났을 때, 저는 당신의 감정에 압도당했죠. 당신의 눈물에 어떻게 반응해야 할지 몰랐고, 27년 동안 남이었던 사람과 연결되었다고 느꼈을 때 혼란스러웠어요. 저는 제 감정을 감당할 수 없어 당신을 밀어냈습니다.

제겐 그 일이 너무 벅찼습니다. 저는 태어난 나라로 돌아갈 준비가 전혀 돼 있지 않습니다. 수많은 감정이 허리케인처럼 밀려왔고, 눈물이 멈추지 않을 것 같았습니다. 그때 저는 눈물에 익사할까봐 너무 무서웠지만, 완벽하게 자신을 통제하는 사람처럼 미소 지으며 행동하기로 결심했습니다.

하지만 처음 한국 땅에 발을 딛는 순간 제가 생각했던 모든 것은 무너졌습니다. 너무 혼란스러웠습니다. 첫 재회 이후 저는 생존 모드로 전환했습니다. 제가 강하고 독립적인 유럽 여성임을 더 열심히 증명하고 싶었고, 누구의 도움 없이도 안전하고 가치 있는 존재라는 것을 입증하고 싶었습니다.

제 두 번째 방문이 5년 뒤였다는 사실에 상처받고 실망하셨을 것 같아요. 당신은 저를 기다렸고, 제가 돌아오지 않자 또다시 저를 잃을까봐 두려우셨을 거예요.

당신은 자기감정을 표현하고자 노력하셨고, 통화할 때마다 제가 당신을 잊지 않고 있다는 걸 알려줬으면 좋겠다고 말씀하셨어요. 당신은 제가 한국에서 자란 딸처럼 행동할 것을 기대했죠. 그럴 때마다 저는 화를 냈어요. 당신의 여생이 얼마 없을 텐데도, 당신에게 소리지르며 무시했죠. 그렇게 우리 관계는 다시 소원해졌습니다.

그 후 5년이 또 지났고, 제가 방문했을 때 당신은 건강이 악화되어 요양원에 계셨습니다. 저는 당신의 손을 잡고 함께 울었습니다. 당신은 상처받아 슬픈 눈으로 저를 바라보셨어요. 무슨 말을 해야 할지 몰랐습니다. 큰 죄책감이 들었고, 제 감정을 표현할 단어와 문장을 찾을 수가 없었어요.

1년 후 저를 기다리는 당신 곁으로 돌아왔습니다. 당신의 건강은 매우 악화된 상태였고, 당신은 거의 기적처럼 병마와 싸우고 계셨어요. 육체는 망가졌지만 정신은 또렷하셨어요. 저는 당신이 제가 돌아올 때까지 병마를 이겨내며 기다리고 계셨다고 믿습니다.

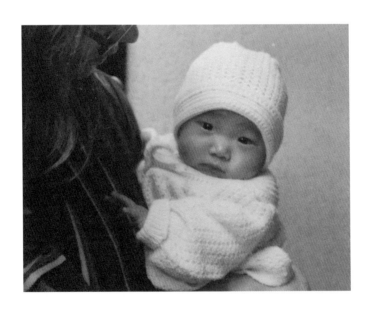

우리 가족이 당신의 임종에 함께했다는 사실은 당신의 모든 자녀에게, 특히 제게 큰 치유가 되는 경험이었습니다. 우리 가족은 당신의 마지막을 지켜보며 완전체가 되었습니다.

한때 당신은 본인이 제 아버지가 될 자격이 없다고 편지에 쓰셨죠. 저는 오랫동안 양부모님이 키우고 돌봐주셨기 때문에 그분들을 친부모님으로 여기며 살았습니다.

하지만 이제는 당신이 제 아버지이고, 항상 제 아버지였으며, 앞으로도 그럴 것임을 알게 되었습니다. 당신의 피가 제 혈관에 흐르고 있고, 제 DNA의 절반은 당신이 주신 것입니다. 당신은 임종 순간까지 저를 기다렸고, 우리 영혼은 연결되어 있었습니다.

기다려주셔서 감사합니다.

용서해주셔서 감사합니다.

제 아버지가 되어주셔서 감사합니다.

- **이름** Dong Hee KIM

- **생년월일** 1979년

- **국적** 네덜란드 또는 대한민국

- **입양 시 나이** 4개월

- **한국 입양 기관** 한국사회봉사회

- **입양 동의서 포함 여부** 입양 동의서가 있는데, 위조된 것이다. 아버지는 동의하지 않았고 아버지의 서명도 위조되었다. 이 동의서는 한국사회봉사회가 아닌 보육원에서 받았다.

- **글쓴이** 네덜란드 정부 부동산 조직에서 근무하며, 그곳에서 우리 부동산 프로젝트를 위해 건축업자와 계약을 맺는 유럽 입찰을 담당하고 있다. 한국 가족을 찾았고 매년 그들을 방문하려고 노력 중이다.

서른아홉 번째.

입양은 모든 아이를
비통에 빠뜨린다

_앨리스 플릭베이르트

믿음의 마법! 나는 동화를 좋아했다. 동화는 항상 행복한 결말을 보여주기 때문이다. 내가 주인공이 되어버린 이 동화도 그래야만 했다. 그리고 나는 이런 믿음을 지키기 위해 수단과 방법을 가리지 않겠다고 다짐했다. 나 자신을 발견하기 위한 마지막 시도였기 때문이다. 내 책임과 무관하게, 내 의지와 상관없이, 삶의 첫걸음을 내딛으면서 잃어버렸던, 태어났을 당시의 나를 재발견하기 위한 시도였다. 나는 과연 누구였을까? 나는 누가 되어야 했을까? 그리고 나 자신과의 그 괴로운 단절이 보이지 않게, 내 환상의 동화 속 깨진 행복의 파편을 찾아 다시 붙일 수만 있다면, 과연 나는 어떤 사람이 될까?

나는 내 탐색에, 내 삶의 방향을 트는 데 행여 도움 될 만한 것이 있을까 싶어 주변 모든 사람의 관심을 끌기 위해 발버둥쳤다.

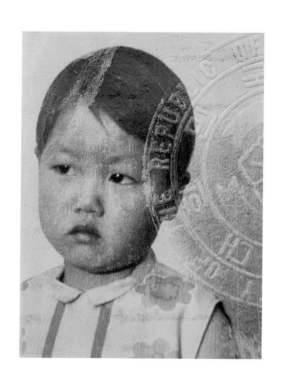

282

나는 내 모든 것을 쏟아붓기로 했다. 그래야만 내 불안한 영혼을 달랠 수 있을 거라 믿었다. 자장가를 부르며 천천히 재우듯이, 끝없는 무지의 공허함을 내 무의식의 자각몽 속에서 서서히 지우고 싶었다. 텔레비전 화면에 내 모습이 비쳤다. 화면에 비친, 나를 쳐다보는 여자의 눈동자에는 정서적 황폐함이 스며 있다. 그녀는 누구일까? 나는 과연 누구일까?

해답을 찾아 떠난 내 여정은 십대 후반에 집을 나오면서 시작되었다. 적응과 나 자신에 대한 부정의 멍에에서 벗어난 것이었다. 어렸을 때부터 나는 양부모님의 기대에 부응하는 것이 최소한의 안정감을 가져다준다는 것을 본능적으로 깨달았다. 그 때문에 가능한 한 빨리 네덜란드어를 배웠고, 최대한 네덜란드 사람처럼 보이기 위해 노력했으며, 내 모국과 문화에 관심 없는 척하며 살았다. 나는 금발의 오빠들만큼이나 나 스스로도 서구적이라 여겼고, 그렇게 되려고 노력했다. 나는 거울에 비친 모습과 다른 사람이어야 했고, 그러니 내 정체성과 완벽히 단절해야 했다. 내가 누구인지, 어떤 사람이 되어야 했는지 잊어야 했다. 마침내 나는 왜곡된 자아상에 철저히 길들여진 노예가 되어버렸다. 자유를 맛보기 전까지는, 혼자가 되기 전까지는 그랬다. 나는 집을 떠나고 나서야 다시 날개를 펼칠 수 있었고, 그 날개는 내 안에 있는 의지를 일깨웠다. 나는 거울에 비친 내 모습을 향한 길을 찾고 싶었다. 내 안의 정체성을 재발견하고 싶었다.

어느 날 그 길이 눈앞에 나타났다. 서울에 있는 한국사회봉사회로부터 광주에 있는 고아원을 소개받은 것이다. 하지만 희망의 언덕을 넘어서자마자 끝없이 눈물이 흐르는 절망의 계곡이 기다리고 있었다. 내 출생의 비밀을 덮고 있던 베일을 들어올릴 사람은 아무도 없는 듯했다. 내 머릿속 어딘가에 저장되어 있던 기억들, 마음 깊은 곳에 보관되어 있던 그 귀중한 보석들의 봉인을 풀 열쇠를 가진 사람들 중에서 내게 손을 내밀어준 이는 없었다. 그리고 그것은 나를 사막에서 오아시스를 찾아다니는 목마른 사람처럼 결국 한국으로 직접 찾아오게 만들었다. 나는 한국에서, 너무 일찍 떠난 탓에 내가 마시지 못했던 삶의 묘약을 한 방울 한 방울 갈망했다. 내 인생에서 놓친 그 세월들이 1년간의 한국 생활에 압축되었다. 나는 아무것도 놓치지 않고 경험하기 위해 발버둥쳤다. 내 탐색을 위해 주변의 모든 관심을 요구했다. 텔레비전에 출연했고, 신문과 인터뷰했다. 길 잃은 동료 입양인들의 사연으로 가득 찬 데이터베이스에 내 사연을 추가했다. 우리는 모두 희망의 실마리를 찾기 위해, 자신의 본질로 돌아가는 길을 찾기 위해 위대한 기적에 한 가닥 희망을 품고 있었다.

그 수요일, 나는 평소처럼 일어났다. 따스한 햇살이 나를 비추었다. 아름다운 봄날이었다. 드디어 내면의 평화가 찾아왔다. 더 이상 행복을 느끼기 위해 나는 내 출신과의 연결이 필요하지 않았다. 그 순간 전화벨 소리가 평온을 흔들어 깨웠다. "어머니를 찾았습니다!" 전화기 속에서 누군가가 외치고 있었다. 갑자기 몸이 제어할 수 없을 만큼 떨렸다. 숨을 쉬기 힘들었다. 지금까지의

삶은 끝나고 또 다른 삶이 시작되는 것 같았다. 드디어 내 여정은 끝났다. 불가능이 가능해진 순간, 원형이 다시 복구되는 순간이었다.

한국의 산봉우리 위를 나는 장엄한 한 마리 새처럼, 비행기가 행복한 나를 봄바람에 실어 어머니 품으로 데려다줬다. 나는 가족의 품에 안길 준비가 되어 있었고, 결코 다시는 어머니의 손을 놓지 않기로 마음먹었다. 잔잔하던 내면에서 파도가 치기 시작했고, 나는 두 팔 벌려 그것을 받아들였다. 내 삶에는 상실감과 가슴 아픈 이별에 대한 고통, 끝없는 좌절이 늘 맴돌았다. 나는 그런 돌이킬 수 없는 시간을 되찾고 싶다는 간절한 바람을 가지고 살아왔다. 가족 간의 끈끈한 유대감의 원천이 되는 추억을 쌓지 못하고 놓쳐버린 세월, 서로 모르고 살면서 놓친 수많은 기회를 복원하고 싶었다. 그리고 드디어 나는 새로운 사람으로 다시 태어났다. 이제는 상실감을 충분히 인지하면서도 내 앞에 주어진 삶의 조각들을 하나하나 모으는 사람으로, 잃어버렸던 가족의 사랑을 되찾아 최대한 그 속에 푹 빠져보고자 했다.

그러나 그 순간 나를 향해 더 큰 감정의 폭풍이 몰려오고 있다는 것은 알지 못했다. 한 번 망가진 것은 결코 완벽하게 고칠 수 없다는 사실을 깨닫기 전까지는 말이다. 내 안에 쌓여 있던 파괴적 상실감을 보상하기에는 같은 유전자를 공유한다는 사실에 대한 희열만으로 충분치 않았다. 결국 우리는 추억을 공유하지 못한 가족이었다. 이런 깨달음에 이르자 입양에 대한 내 생각에도 파동이 일어났다.

어린 나이에 입양되면서 생겨난 비극은 결코 되돌릴 수 없다. 심지어 가족과의 재결합을 통해서도 불가능하다. 입양은 파괴적이며, 이것을 경험한 모든 아이를 비통에 빠뜨린다. 그래서 나는 이 비통함을 부정하는 법을 배워야만 했다. 부모와 가족, 그리고 내게 소중하고 친숙했던 모든 것을 잃은 게 내 인생 최대의 행복이었음을 받아들여야 했다. 입양 담론은 결국 동화이기 때문이다. 그것은 서양의 동화다. 모든 것을 마술처럼, 자기 뜻대로 굴복시키는 동화는 뿌리에서 떨어져 나온 아이들의 뒤틀어진 현실을 부정하고, 스스로 허구에 빠져들었다. "단 한 명의 아이라도 구출합시다!" 동화 속 화자는 이렇게 말한다. 무엇으로부터 구출하자는 것일까? 자기 뿌리나 기원과 연결되어 성장할 기회로부터, 자기 가족과 익숙한 세계로부터 구출하라는 말이다. 어두운 동화 속에서 자랄 수 있도록 단 한 명의 아이라도 살려내자는 말이다. 애초에 존재하지도 않았던 마법에 대한 잃어버린 믿음과 깨진 꿈으로 끝나는 서양 동화 속에서 자라도록 기회를 주자는 말이다.

- **이름** Alice Flikweert(한국 이름: 김미애Kim Mi Ae)
- **생년월일** 1970년
- **국적** 네덜란드 또는 대한민국
- **입양 시 나이** 2세

- **한국 입양 기관** 한국사회봉사회

- **입양 동의서 포함 여부** 입양 동의서나 경찰 신고서가 입양 서류에 포함되지 않았다.

- **글쓴이** 네덜란드에서 인생의 모든 장애물을 헤쳐나가며 본인의 길을 찾아왔다. 20대 때 초등학교 교사로 일하다가 다른 한국인 입양인과 결혼해 가정을 꾸리고 세 자녀를 두었다. 2008년 한국의 원가족과 재회했다.

마흔 번째.

입양인의 자녀도
자기 인생의 이야기를 완성 못 합니다

_마이테 민 탐 마음 장놀랭

화해에 대해 이야기하기 전에, 제가 입양인의 딸이라는 특별한 관점에서 이 글을 쓰고 있다는 것을 명확히 하는 게 좋겠습니다.

어머니는 네 살 때 프랑스의 한 기독교 가정에 입양되었습니다. 어머니는 한국이나 입양에 대해 공개적으로 말한 적이 없으며 한국 땅을 다시 밟아본 적도 없습니다. 어머니는 아직도 자신이 버림받은 구체적인 상황이나 한국의 친생 가족이 누구인지 알지 못합니다. 어머니는 그들을 찾고 싶어하지 않으며, 심지어 제가 직접 찾아보는 것도 못 하게 했습니다. 트라우마를 겪을 만큼 겪었고 더 이상은 원치 않기 때문입니다.

고통스럽고 수수께끼 같은 과거를 다루는 방법으로는 여러 가지가 있습니다. 어머니는 이를 카펫 아래에 밀어넣고 자신의 한국인 정체성을 거부하는 방법을 택했습니다.

저는 한국적 유산이나 디아스포라 공동체의 소속감과는 멀리
떨어진 채 성장했습니다. 한국인과 백인의 혼혈인 저는 프랑스
시골에서 주로 백인들, 대부분은 인종차별주의적인 사람들에게
둘러싸여 자랐습니다. 어머니가 평생 그랬던 것처럼 저도 그들과
동화되기 위해 최선을 다했습니다. 저는 심지어 개인적인 통계를
동원해서 저 자신이 90퍼센트의 프랑스인에 10퍼센트의 한국인
이라 믿었고, 제 문화적 뿌리로부터도 두 번이나 단절되었습니다.
첫 번째는 어머니의 입양과 문화적 동기화로 인한 것이었고, 두
번째는 어머니의 침묵으로 인한 것이었습니다. 아마도 한국 입양
인들에게는 매우 친숙한 말일 텐데, 과거를 받아들이지 못한 한
국 입양인의 딸로서 저는 제 이야기의 어떤 부분에 대한 접근을
거부당하고 있다고 느꼈습니다.

부모님을 너무 힘들게 할 수 있기에 말하지 말아야 할 것들이
있었습니다. 어차피 답이 없으니 물어서는 안 되는 질문들, 말해
봤자 싸움으로 그칠 게 뻔하니 언급해서는 안 되는 것들이 있죠.
결국 우리(저와 세 자매)는 할 이야기가 없다는 사실에 익숙해졌
습니다.

재미있는 것은 이야기가 사라지거나 잠잠해질 때 우리는 새로
운 이야기를 지어내거나 접근 가능한 이야기만 반복한다는 것입
니다. 그리고 그것들은 꽤나 구태의연합니다. "한국은 전쟁 후 몹
시 가난했고 많은 고아가 '구원'되어야 했다. 입양은 유일한 최선
의 해결책이었다. 우리는 인생을 바꿀 수 있었던 기회에 감사하

고 불쌍한 과거는 잊어야 한다"는 내용이죠.

글을 쓰는 오늘, 이 이야기는 희화적이고 기괴하기까지 합니다. 하지만 내 어린 시절엔 이것이 나의 유일한 진실이었기에 의문을 제기하는 것은 상상도 할 수 없었습니다. 저는 입양이 정치, 식민주의, 자본주의, 가부장제가 교차하는 현상임을 깨닫지 못했습니다. 그것은 제 어머니 이야기였고, 잊는 게 차라리 나은 슬픈 이야기였을 뿐입니다.

나중에 프랑스 시골을 떠나 더 다문화적인 환경으로 옮겨갔을 때, 저는 같은 혼혈이지만 자기 정체성을 더 잘 이해하고 있는 사람들을 만났습니다. 그제야 저는 제 가족의 역사를 새로운 시각에서 다시 읽기 시작했습니다. 저는 해외 입양에 대해 의문을 제기하고 비판적인 관점을 구축했습니다. 저는 어머니가 20만, 또는 25만 명 중 한 명이라는 것을 깨달았습니다. 우리가 지어낸 이야기(부모가 너무 가난해서 자녀를 돌볼 수 없었기 때문에 거리에 버려졌다)가 너무 뻔하고 거의 조작된 것처럼 들리기 시작했습니다. 그렇다면 진실은 무엇일까요?

글쎄요……. 솔직히 말해서 저는 우리가 이 문제의 본질에 결코 다다를 수 없으리란 현실을 받아들였습니다. 한편으로는 어머니가 (지금까지) 어떤 조사도 원치 않으셨기 때문이고(저는 그 의견을 존중합니다), 또 한편으로는 한국과 프랑스가 이 정보를 이용 가능하고 접근 가능하며 신뢰할 수 있도록 공개하지 않았기 때문입니다.

그렇다면 진실이라는 지평선이 없는 상황에서 화해는 제게 어떤 의미일 수 있을까요?

우선, 우리가 어떤 종류의 화해에 대해 말하고 있는지 궁금했습니다. "피해를 입은 사람들"과 "피해를 입힌 사람들" 사이의 국제적인 화해를 말하고 있는 걸까요? 법적인 화해일까요? 가족 간의 화해일까요? 자기 이야기와의 상징적인 화해일까요? 정확히 누구와 누구 사이의 화해를 의미하는 걸까요?

한국의 해외 입양 및 인종 간 입양에는 영향을 받거나 연루된 수많은 이해 관계자가 포함됩니다. 즉, 입양인은 물론이고 친생 가족과 그들의 후손, 입양 가족, 사회복지사, 입양 기관(홀트, 대한사회복지회, 한국사회봉사회, 동방사회복지회), 한국 정부, 입양 수용국 정부, 개신교 등이 있죠. 공통분모가 있는 것처럼 보이지만, 저는 화해의 방법이나 과정이 개인이나 기관에 따라 근본적으로 다르다고 생각합니다. 어원상 화해re-conciliation는 "다시 하나로 모으고" "회복시킨다"는 의미입니다. 이는 사람들이나 국가 또는 기관이, 그들이 불가능하다고 확신할 때에도, 그리고 이전에 가해졌던 엄청난 고통에도 불구하고 실행 가능하며 건설적인 관계를 회복하기로 합의하는 과정입니다.

한국의 해외 입양은 70년째 계속되고 있지만 30년 이상 논란이 되어온 이 관행을 규제할 아무런 조치도 취해지지 않았다는 사실을 다시 한번 기억해주길 바랍니다. 입양인과 그 친생 가족이 겪은 다양한 학대가 언론을 통해 널리 보도되었지만, 세상 어디에서도 "입양은 아이들의 행복을 위한 최선의 해결책이었다"
라는 지배적인 서사를 바꾸지 못했습니다. 또한 한국의 해외 입
양도 중단되지 않았습니다.

그렇다면 여전히 현재진행형인 과거와 어떻게 화해할 수 있을
까요?

제게 화해는 집단적 변화를 향한 상호 약속을 의미합니다. 그
것은 어떤 생각이나 (또 한 번의) 선의가 아니며, 우리 혼자서 할
수 있는 일도 아닙니다. 양측 모두의 실질적이고 상징적인 행동
을 요구하는 과정입니다.

제 어머니 개인의 진실에 접근하는 것은 어쩌면 영원히 어려울
수도 있겠지만, 저 자신의 이야기와 화해하기 위해서 저는 한국
정부의 진정성을 요구합니다. 사과, 인정, 책임, 일관성, 투명성, 보
상, 돌봄, 그리고 권리를 말입니다.

추가로 다음과 같은 것을 요구합니다.

- 입양인의 입양 문서 및 신원 정보에 대한 완전한 접근권
- 입양인이 사망한 경우 입양인의 후손에게 입양 문서 및 신원 정보
  에 대한 접근권 확대
- 인권 침해가 의심될 경우 철저한 조사 실시
- 해외 입양인과 그 후손들이 한국에 모일 수 있는 센터 설치
- 해외 입양인이 심리 치료를 받을 수 있는 재정 지원
- 해외 입양인 및 그 후손의 뿌리 찾기를 위한 한국 방문 경비 지원

- 해외 입양인, 후손, 친생 가족을 위한 무료 DNA 검사
- 해외 입양인 및 그 후손의 DNA 샘플을 현재 한국의 모든 DNA 데
  이터베이스와 대조

저는 개인과 집단의 화해가 긴밀히 연결되어 있다고 믿습니다.
우리 각자가 가진 불완전한 진실은 다른 사람들의 진실과 호응
하며 울림을 만들어낼 수 있습니다. 그럼으로써 우리는 연결되
고, 고립을 넘어 과거의 짐으로부터 벗어날 수 있습니다.
　앞으로 몇 년 동안 모든 사람이 누려야 할 평화와 책임져야 할
사람들을 밝히기 위해 여전히 필요한 힘 사이에서 균형을 찾기
를 저는 진심으로 바랍니다. 그때가 되면 역사는 잊지 않되, 과거
의 트라우마는 사라지길 바랍니다. 또 해외 입양의 영향이 더 이
상 세대에서 세대로 대물림되지 않기를 바랍니다. 우리는 더 가
벼워진 마음으로 계속 나아갈 수 있을 것입니다.

- **이름** Maïté Minh Tâm Maeum JEANNOLIN

- **생년월일** 1991년

- **국적** 프랑스

- **글쓴이** 브뤼셀에 거주하는 한국계 프랑스 예술가. P.A.R.T.S에서 공부한 후 현
  재 댄스, 퍼포먼스, 영상, 사진, 큐레이팅 작업에 관심 갖고 있다. 최근에는 2세
  대(입양인의 자녀) 관점에서 한국의 해외 입양과 인종 간 입양을 살펴보는 첫
  장편 다큐멘터리 영화를 연출하고 있다.

마흔한 번째.

여자는 어머니에게 안아달라
말 못 하는 자신에게 화가 난다

_마야 리 랑그바드

여자는 성장 과정에서 친부모와 접촉할 수 없었다는 사실에 화가 난다. 과거에는 성장 환경이 중요하다고 여겨졌다. 시간이 흐르면서 유전자도 성장 환경만큼이나 중요하다는 것이 드러났다. 유전자는 친부모로부터 물려받는 외모뿐만 아니라 성격도 포함한다.

여자는 자신이 친어머니의 성격을 물려받았다는 사실에 화가 난다. 만약 여자가 친아버지의 성격을 물려받았다면 여자의 삶은 더 쉬워졌을지도 모른다.

여자는 친아버지의 성격을 물려받았다면 삶이 더 쉬워졌을지도 모른다고 생각하는 자기 자신에게 화가 난다.

여자는 성장 과정에서 친부모와 접촉할 수 있었다면 더 쉬운 삶을 살았을지도 모른다고 생각하는 자기 자신에게 화가 난다.

여자는 친부모 밑에서 자랐더라면 더 쉬운 삶을 살았을지도
모른다고 생각하는 자기 자신에게 화가 난다.

여자는 자신이 친부모 밑에서 자라지 못했다는 사실에 화가
난다. 여자와 닮은 사람들 밑에서 자랐더라면 여자의 삶은 지금
과는 다를 것이다. 여자가 스스로를 반영해볼 수 있는 구체적인
사람들. 여자는 셋째 언니와 함께 있는 모습을 본 아스트리가 무
척이나 놀랐던 것을 아직도 기억한다. 아스트리는 여자와 여자의
셋째 언니가 걷는 모습이 너무나 닮았다고 말했다.

여자는 자신이 단 한 번도 친부모와 함께 산 적이 없다는 사
실에 화가 난다. 여자는 지금도 여전히 친부모의 집에서 잠을 잤
던 날을 기억한다. 여자는 바닥에서 자던 친모를 한참이나 바라
보았다.

여자는 친모와 함께 자는 것을 그리워하는 자기 자신에게 화
가 난다. 서른이 되어서 어머니와 같은 요 위에 누워 자는 일을
그리워하는 것은 일반적이라 할 수 없다. 여자가 자신의 그리움
을 토로했을 때, 로랑은 그것이 일반적이든 아니든 스스로 마음
이 편하면 되는 일이 아니냐고 반문했다. 그는 갓난아기가 어머
니와 떨어져 사는 것도 일반적인 일은 아니라고 덧붙였다.

여자는 어머니의 품을 그리워하는 자기 자신에게 화가 난다.
서른이 되어 어머니 품을 그리워하는 것은 일반적이라고 할 수
없다.

여자는 자신이 서른이 되었다는 사실에 화가 난다. 여자는 갓

난아기였으면 좋겠다고 생각한다. 만약 여자가 갓난아기라면 어머니 품에 안기는 것이 매우 자연스러울 것이다.

여자는 자신이 어머니 품에 안기는 것이 자연스럽지 않다는 사실에 화가 난다. 어머니 입장에선 서른이나 된 딸을 품에 안아주는 것이 자연스럽지 않을 것이다. 만약 그 일이 자연스러운 것이라면 어머니도 여자를 안아주었을 것이다.

여자는 과거와 화해하지 못하는 자기 자신에게 화가 난다.

여자는 어머니에게 안아달라고 말하지 못하는 자기 자신에게 화가 난다.

여자는 어머니에게조차 안아달라고 말하는 것이 자연스럽지 않다는 사실에 화가 난다.

여자는 아버지에게조차 안아달라고 말하는 것이 자연스럽지 않다는 사실에 화가 난다.

여자는 아버지에게 안아달라고 말하지 못하는 자기 자신에게 화가 난다.

여자는 여자를 안아주지 않는 아버지에게 화가 난다.

여자는 자신이 아버지 품에 안겼을 때의 느낌을 그리워한다는 사실에 화가 난다.

여자는 가슴속에 솟구치는 울분을 진작에 치유하지 못했던 자기 자신에게 화가 난다. 여자의 양모는 이전에는 몰랐던 사실이니 어쩔 수 없었다고 말하며, 1년 전에 틱낫한을 만났다 하더라도 상황이 달라지진 않았을 것이라고 덧붙였다. 여자가 가슴

속에 쌓인 울분을 인지하고 이를 치유하기 위해 마음을 열었던 것은 바로 지금이니까.

여자는 가슴속에 쌓인 울분을 치유하기 위해 더 일찍 마음을 열지 못했던 자기 자신에게 화가 난다. 조금 과장해서 말하자면, 여자는 쌓인 울분 때문에 거의 죽음 직전에 이른 후에야 이를 치유하기로 결심했던 것이다. 앤드루가 아니었더라면 여자는 정말 울분 때문에 죽었을지도 모른다. 여자는 『화: 불꽃을 잠재우는 지혜』라는 책을 읽어보라고 권했던 앤드루에게 감사한다. 그 책에서는 울분을 감싸안고 잘 보듬어줌으로써 얻는 것도 있을 것이라 했던 틱낫한의 말도 찾아볼 수 있다.

여자는 『화: 불꽃을 잠재우는 지혜』라는 책을 읽으면 도움이 될 것이라고 말했던 앤드루에게 화가 난다.

- **이름** Maja Lee Langvad

- **생년월일** 1980년

- **국적** 덴마크

- **입양 시 나이** 3개월대

- **한국 입양 기관** 한국사회봉사회

- **입양 동의서 포함 여부** 입양 동의서나 경찰 신고서가 입양 서류에 포함되지 않았다.

- **글쓴이** 코펜하겐에 거주하는 작가이자 번역가. 1980년 한국에서 태어나 덴마크로 입양되었으며, 덴마크창작문학아카데미를 졸업했다. 『덴마크인 홀게

르씨를 찾아라』라는 개념시 모음집으로 작가가 되었으며, 보딜-외르겐뭉크크 리스텐센 데뷔문학상을 받았다. 2007년부터 2010년까지는 서울에 거주하며 출생지를 찾고 피를 나눈 가족과 재회했다. 이후 국가 간 입양에 비판적인 입양인 커뮤니티에서 주요한 역할을 하며 『그 여자는 화가 난다』를 펴냈다.

마흔두 번째.

법적 고립을
넘어서

_한분영

"한분영은 인천시 남구 구월동에서 기아 상태로 발견돼 남구청 직원에 의해 인천에 있는 해성원에 입소했기 때문에 한국의 부모에 관해서는 아무런 정보가 없습니다." 이 문장은 제가 한국사회봉사회KSS로부터 1998년 5월 1일에 받은 팩스에 적혀 있었습니다.

제가 언제 처음으로 한국이나 제 한국 가족에 대해 생각했는지는 잘 기억나지 않습니다. 어린 시절 거울을 들여다보며 저와 입양 부모의 생김새가 완전히 다르다는 것을 확인했을 때일까요? 유치원에서 누군가가 저를 '중국인'(아시아인을 비하하는 용어로 쓰임)이라고 불렀을 때일까요? 아니면 초등학교 선생님이 '자연스럽게' 저를 우리 반의 다른 한국 입양인과 한 그룹으로 묶었을 때일까요? 선생님은 아마 입양인끼리는 특별한 유대감을 가질 거라고 기대하셨던 걸까요? 저는 삶의 다른 많은 측면처럼, 한국 가족과 한국에 대한 제 관심이 시간이 지나면서 점점 커져왔다고 생각됩니다.

한국사회봉사회에 첫 팩스를 보낸 지 36년이 지났습니다. 저는 덴마크와 한국의 입양 기관 및 정부 당국에 수없이 전화하고 이메일을 보냈으며, 방문 미팅도 했습니다. 하지만 저는 여전히 제 한국 가족에 대해 아무것도 모르며, 제 인생의 첫 3개월에 대한 확인되지 않은 극소량의 정보만 가지고 있습니다.

다른 입양인들이나 가족과 헤어진 한국인처럼, 저도 오래전 TV 프로그램 「아침마당」에 출연했습니다. 이 프로그램은 문자 그대로 정말 대단한 쇼였습니다. 그런 계기가 없었다면 많은 사람이 서로를 찾을 수 없었을 것입니다. 전국 방송에 출연해 나의 가장 은밀하고도 사적인 경험을 공유한 것은 가족을 찾으려는 지극히 평범한 소망 때문이었지만, 그로 인한 대가는 컸습니다. 입양인들이 자신의 신상 정보에 접근하는 데 더 효율적이고, 더 효과적이며, 더 존중받는 세심한 방법은 없었을까요?

한국이 이미 이 질문에 대한 답을 가지고 있다는 것을 깨닫기까지는 몇 년이 걸렸습니다.

가족관계등록시스템! 가족을 조회하는 것이 오래전에 완전히 디지털화·자동화됐으며, 모든 한국인이 이제는 클릭 한두 번으로 가족 구성원과 그들의 이름, 주민등록번호, 주소를 확인할 수 있다는 것을 해외 입양인으로서는 상상하지 못했습니다. 참으로 인상적인 시스템입니다. 입양인들이 자신과 가족 구성원의 정보에 접근하기 위해 더 이상 사설 기관의 승인에 의존하지 않고, 담당자의 답변을 며칠, 몇 주, 몇 달, 몇 년 동안 기다리지 않아도 될 날을 꿈꿉니다!

'고아 호적'은 입양인들 사이에서 유행어가 되었습니다. 이는 우리가 한국 출신임을 증명하는 유일한 법적 문서이기 때문입니다. 하지만 슬프고 아이러니하게도 이것은 우리가 한국 가족으로부터 완전히 분리된 개인임을 규정하는 유일한 문서이기도 합니다. 이러한 구조에서 우리와 한국의 관계는 실제로는 가족과의 절대적인 분리에 기반하고 있습니다(종종 가짜 이름과 가짜 생년월일로). 입양인들은 법적으로 한국 국적을 회복할 자격이 있지만, 아이러니하게도 가족에게 접근하는 것은 복잡할 뿐 아니라 대부분은 정부 당국에 의해 차단됩니다.

우리는 계속 원을 그리며 돌고 있습니다!

주민등록번호가 없음에도 불구하고 우리의 한국 국적은 여행 증명서에서 확인됩니다. 그러니 우리는 한국인이었던 게 틀림없습니다. 하지만 우리의 주민등록번호는 입양 서류 어디에서도 찾을 수 없습니다. 주민등록번호 없이 우리가 누구이고 우리 가족이 누구인지 어떻게 확인할 수 있을까요?

가끔 입양 동의서 사본에 한국 부모에 대한 정보가 포함되어 있는 사례도 있습니다. 하지만 이것은 공식 문서가 아니라 입양 기관이 임의로 작성한 것이어서 법적 효력이 없습니다. 결과적으

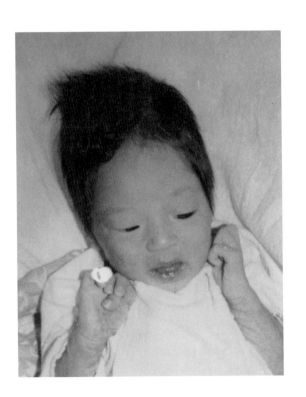

로, 당국의 시각에서 이 문서는 우리를 포기한 사람과의 관계를 증명하지 못합니다! 그리고 서류가 없으면 우리는 부모에 대한 정보에 접근할 수 없습니다.

법적·행정적으로 고립된 섬으로서 입양인의 정체성은, 특히 입양인들이 한국 가족의 호적에서 자신을 발견했을 때의 정체성은 원래 정체성과 입양된 정체성이라는 두 가지로 존재할 때 기이해집니다. 이 두 정체성을 연결하는 유일한 문서는 입양확인서입니다. 입양 기관이 만든 문서죠.

해외 입양은 종종 과거의 일로 여겨지지만(몇몇 기관이 오늘날에도 이 프로그램을 계속하고 있음에도 불구하고), 입양인들과 배우자, 그리고 자녀들의 진실 찾기는 현재의 사안이며, 우리가 본래의 정체성을 회복하려고 노력하는 것 역시 현재의 문제입니다.

1999년 F4 비자가 승인된 후 입양인들은 다양한 방식으로 우리를 수용한 국가와 한국 간의 간극을 좁히는 존재로 받아들여져왔습니다. 그래서 저는 제가 속한 두 나라를 오가면서 문화적·언어적 유창성을 즐기고 있습니다.

하지만 어쩌면 제가 더 절실하게 필요로 하는 것은 저 자신에게 구축된 고아 정체성과 본래의 정체성을 잇는 다리일 것입니다. 저는 우리 입양인들의 정체성을 이루는 모든 요소가 보호되고, 이미 부분적으로 또는 완전히 정체성을 잃은 이들에게도 모든 요소가 완전히 회복되는 시대를 꿈꾸고 있습니다.

- **이름** Boon Young HAN

- **생년월일** 1974년

- **국적** 덴마크

- **입양 시 나이** 거의 3개월대

- **한국 입양 기관** 한국사회봉사회

- **입양 동의서 포함 여부** 입양 동의서나 경찰 신고서가 입양 서류에 포함되지 않았다.

- **글쓴이** 2002년 한국에 들어왔다. 현재 서울대에서 사회복지 박사과정을 밟고 있다. 지난 20년간 한국 입양인들을 위해 일한 공로로 YWCA 제21회 2023년 한국여성지도자상 특별상을 수상했고, DKRG 공동 대표를 맡고 있다.

마흔세 번째.

알 권리는
왜 중요한가?

_페테르 묄레르

"알 권리가 그렇게 중요한가요?" 한국의 기자들로부터 종종 이런 질문을 받습니다. 인간이라면 자신의 배경과 출신을 아는 것이 중요합니다. 특히 한국으로부터 입양돼 서구에서 자란 사람들에게는 더 그렇습니다. 아시아인인 우리는 다른 사람들과 구별되는 외모를 하고 있기 때문입니다. 대부분의 한국인은 이런 점을 이해할 거라 생각합니다. 한국에서도 가족, 출신, 역사, 혈통은 중요하게 여겨지니까요.

수천 명의 다른 덴마크 입양인처럼 저도 제가 고아라고 믿으며 자랐습니다. 이 글을 읽는 분들은 공감하시리라 생각하는데, 우리는 자신이 고아나 미아가 아니었다는 사실이 밝혀지면 자연스레 자기 자신에 대한 정보를 정확히 알고 싶어합니다.

제 주위에는 저처럼 한국에서 입양된 친구들이 있었는데, 그

중에는 입양됐다는 사실과 그로 인한 정체성 문제로 고통스러워하다가 스스로 목숨을 끊는 이들도 있습니다. 또한 10년, 20년, 30년간 끊임없이 자신의 진짜 신상과 생물학적 가족을 찾기 위해 애쓰고 있는 친구들도 있습니다.

2022년에 저는 다른 한국 입양인들과 함께 이 문제를 조사하기로 마음먹었습니다. 당시 우리는 대부분의 입양 사례가 정확할 것이라고 추정하면서도, 문제가 있는 사례들을 찾아보는 것이 중요하다고 생각했습니다. 우리는 한국의 해외 입양 실태를 전반적으로 살펴보는 데 초점을 뒀지만, 동시에 우리 중 일부가 왜 자살을 선택했는지에 대해서도 조사하고자 했습니다. 다시 말해 그때 우리 문제의식은, 대부분의 입양 사례가 정확하겠지만 혹시 있을지 모를 잘못된 사례들을 찾아보자는 것이었습니다. 저는 홀트아동복지회, 대한사회복지회, 한국복지회, 동방사회복지회 등 국내 입양 기관들이 해외로 입양 보낸 1500건 이상의 사례들을 읽고 검토했습니다. 그 결과 제 가정이 잘못됐다는 것을 깨달았습니다. 우리의 조사 결과는 전혀 다른 그림을 보여줍니다. 1500건 이상의 사례 중에서 정확한 입양 사례는 단 한 건도 없었습니다.

저와 같은 입양인들은 항상 전쟁과 빈곤 때문에 수만 명의 한국 아이가 해외로 보내졌다고 들었습니다. 하지만 한국과 덴마크 문서들에 따르면, 1970년대 이후 아이들이 해외로 보내진 주된 이유는 전혀 달랐습니다.

한국 정부의 문서들은 해외 입양이 가난 때문이 아니라 서구 국가들의 수요를 충족하기 위해, 그리고 이들 국가와 우호관계를 유지하기 위해 이뤄졌음을 보여줍니다. 당시는 반도체, 현대자동차, 휴대폰, K-팝, 한류 문화가 등장하기 전이어서 한국은 서구 국가들과 거래할 만한 다른 상품이나 서비스가 없었습니다. 이때 한국 아이들이 외교 정책 도구로 쓰인 것입니다. 그렇습니다. 실제로 한국 정부의 이런 정책은 '아기 외교'라는 말로 설명됩니다.

이렇게 우리 입양인들은 더 큰 역사적 그림의 일부가 되었습니다. 물론 입양 기관들은 입양을 중개하고 건당 거래 비용의 60퍼센트를 수수료를 챙겼습니다만, 우리의 입양은 단지 이들 기관을 위한 것만이 아니었습니다. 좀더 근본적으로는 1970년대 이후 냉전 시대의 외교적 거래의 일부였다고 봐야 합니다.

한국의 입양 기관들은 이런 과정에서 우리의 진짜 부모와 출신을 숨기기 위해 입양인들의 서류와 신원을 체계적으로 위조했다는 것을 인정했습니다.

입양인들에게는 자신의 신상 정보에 접근할 수 있는 권리가 중요합니다. 하지만 접근권은 현재 한국의 입양 기관들과 정부 당국에 의해 막혀 있습니다. 한국은 유엔 아동권리협약 제8조를 비준했으며, 이는 대한민국 헌법에 따라 국내법으로 적용되고 있습니다. 1991년부터 시행되고 있는 이 규정들은 입양인이 자신의 진짜 신상 정보를 알 권리와 한국의 친생 부모를 알 권리를 보장하도록 돼 있습니다. 하지만 한국은 이 규정들을 준수하지 않고 있습니다. 같은 규정에 따르면, 한국 정부는 입양인들의 신상 정보와 신원이 완전히 또는 부분적으로 변경되거나 위조된 경우 이를 복원할 의무가 있습니다. 하지만 이 또한 지켜지지 않고 있습니다.

우리는 과거를 바꿀 수 없지만 현재와 미래를 개선할 수는 있습니다! 이는 한국의 입양 기관들과 정부 당국이 숨기고 있는 정보에 대한 접근권을 입양인들에게 제공함으로써 가능해집니다. 우리는 위조되고 조작된 정보가 아닌 진실한 정보를 원합니다.

그리고 이런 불의가 다시는 일어나지 않도록 해야 합니다. 한국은 지금도 아이들의 진짜 부모가 누구인지 알 수 없도록 서류를 꾸며 훗날에라도 그들이 뿌리를 찾을 수 없도록 한 다음 여전히 아이들을 해외로 보내고 있습니다.

- **이름** Peter Møller

- **생년월일** 1974년

- **국적** 덴마크

- **입양 시 나이** 6개월대

- **한국 입양 기관** 홀트

- **입양 동의서 포함 여부** 입양 동의서나 경찰 신고서가 입양 서류에 포함되지 않았다.

- **글쓴이** DKRG 공동 대표를 맡고 있다.

맺음말

우리가 진실·화해를위한과거사정리위원회TRC에 첫 신청서를 제출했던 2022년 8월 23일은 마치 먼 과거처럼 여겨집니다. 우리는 이날 이후로도 세 차례나 더 신청서를 접수했습니다. 2022년 12월 초 TRC는 우리 사건에 대한 조사 개시를 발표했습니다. 그때 해외 입양인들은 기쁨의 눈물을 흘렸습니다. 눈물에는 오랫동안 입양 선도국이었던 한국이 이제는 인권의 개척자로 바뀌었다는 일종의 자부심도 섞여 있었을 것입니다. 그런 변화의 물결은 유럽, 호주, 북미 전역에서 감지되고 있습니다.

네덜란드 정부가 2021년 2월 초에 발표한 요스트라스 위원회 보고서는 유럽의 해외 입양 역사에서 획기적인 사건으로, 입양 학대에 연루된 특정 정부 관리들의 이름을 거론하고, 네덜란드 정부와 중개 기관들이 그런 학대에 적절히 대응하지 않았다고 결론지었습니다. 위원회의 권고에 따라 프랑크 위인트 법무장관은 즉시 국제 입양 프로그램을 중단했습니다. 이후 소수의 선별된 국가로부터의 해외 입양은 다시 가능해졌지만, 2024년 4월에 네덜란드 정부는 해외 입양 프로그램을 영구히 중단하는 것을 고려 중이라고 발표했고, 2024년 5월에는 이를 확정지었습니다.

요스트라스 위원회의 조사 결과가 공개된 후, 스웨덴은 2021년 2월 말 레나 할렌그렌 사회부 장관이 입양을 보낸 일부 나라에 대한 조사가 필요하다고 발표하면서 국가 차원에서 자체 조사를 시작한 첫 번째 사례가 되었습니다. 한국은 조사 대상 국가 목록에 없었지만 TRC의 결정 이후 스웨덴 조사팀이 먼저 한국을 방문했고, 이후 입양 당국의 방한도 이어졌습니다. 이후 한국이 조사 대상 국가 목록에 추가되었고, 위원회 임기는 2024년 가을까지 1년 연장되었습니다. 현재는 기한을 추가 연장하는 것에 대한 논의가 진행 중입니다.

노르웨이 문화복지위원회는 2023년 2월 말 한국의 TRC를 공식 방문했습니다. 가족으로부터 유괴한 입양인들의 이야기가 노르웨이 신문의 1면을 장식하고, 입양 과정에서 저질러진 불법 및 범죄 행위들에 관한 뉴스가 쏟아지면서 노르웨이는 곧 자체 조사 위원회의 필요성을 논의하기 시작했습니다. 노르웨이는 모든 국가로부터의 입양을 조사하기로 결정했고, 조사 위원회는 2025년 9월까지 2년 동안 활동할 예정입니다. 노르웨이 아동청

소년가족청은 조사를 진행하는 동안 노르웨이로의 해외 입양을 일시적으로 중단할 것을 여러 번 권고했지만, 케르스티 토페 아동가족부 장관은 2024년 6월 위험 감소 조치와 통제 강화를 통해 해외 입양 프로그램을 유지할 것이라고 발표했습니다.

덴마크 당국은 네덜란드 요스트라스 위원회의 보고서에서 제시된 조사 결과에 따라 입양을 보내는 나라들에 대한 여러 보고서를 작성하기 시작했습니다. 한국은 처음에 이들 국가에 포함되지 않았지만, 덴마크한국인 진상규명 그룹DKRG의 끈질긴 노력 끝에 2024년 1월에 한국에 대한 보고서가 발표되었습니다. 이 보고서는 여느 국가의 보고서와 달리 입양 당국에서 직접 작성했습니다. 덴마크의 입양 보고서는 한국의 입양 과정에만 초점을 맞추고 있으며, 해외 입양 역사에서 드러난 자신들의 역할에 대해서는 아직 조사하지 않았습니다. 2025년부터 2027년까지 또 다른 보고서가 예정되어 있지만, 구체적인 역할과 조사 범위 등은 아직 결정되지 않았습니다.

프랑스에서는 앙제대학의 시간·세계·사회연구소TEMOS 소속인 두 역사학자 파비오 마세도와 이브 드네세르가 2023년 2월 프랑스의 해외 입양에 관한 조사 결과를 발표했습니다. 그들은 입양 과정에서 수많은 비리와 불법, 범죄 행위 등이 발생했음을 알게 되었습니다. 프랑스 외무부는 이 조사 결과를 받아들여 2023년 2월 홀트의 프랑스 협력 기관 인증을 취소했습니다.

스위스에서는 2017년부터 해외 입양과 관련된 언론 보도가 늘어나면서 2018년 스리랑카로부터의 해외 입양을 조사하기로 결정했습니다. 조사관들은 스위스의 해외 입양 실태가 아직 충분히 조사되지 않았다고 지적했고, 2023년에는 한국을 포함한 10개국으로부터의 불법 입양과 스위스 당국의 역할에 대한 조사 보고서를 발표했습니다. 주한 스위스 대사관과 스위스 연방 이민 경찰 사이에서 주고받은 서신들을 살펴보면, 입양된 아이를 돌려달라는 어머니들의 요청이 "빈번히" 발생하고 있었습니다. 1977년에 스위스 당국은 스위스로의 해외 입양을 "위장 고아 거래"로 묘사했고, 스위스 비자 발급을 중단하려는 시도가 있었지만 헛수고였습니다. 스위스 당국이 입수한 서류에서는 아동에 대한 정확한 정보와 제대로 된 증명서 없이 입양을 알선하는 등의 또 다른 비리도 발견되었습니다. 또한 공무원들이 입양 알선을 통해 "명백하게" 금전적 이득을 취했다는 사실도 밝혀졌습니다. 2023년 12월 스위스 연방 의회는 "해외 입양에서 비리가 있었음을 인정하며, 당국이 아동과 그 가족들에 대한 책임을 적절히 이행하지 않은 것을 유감스럽게 생각한다. 당국의 이러한 미흡함이 입양인들의 삶에 오늘날까지 영향을 미치고 있다"고 인정했습니다. 법 개정안은 2024년 12월에 제출될 예정입니다.

　한국의 입양 아이들은 전 세계 최소 15개국에 흩어져 있어 매우 다양한 구성원이라 할 수 있습니다. 우리가 선호하는 언어와 문화적 배경은 이러한 다양성의 핵심 요소입니다. 우리의 경험 또한 매우 다양합니다. 하지만 조사에 따르면, 입양인의 3분의

1이 학대를 경험했고, 8분의 1은 성적 학대를 당했습니다. 이는 일반적인 인구 집단에 비해 놀라울 정도로 높은 수치입니다. 이러한 결과는 우리 사이에 약물 남용과 자살률이 상당히 높다는 이전의 조사 결과들에 대한 중요한 배경 정보를 제공하고 있습니다.

우리 가운데 많은 이가 서로 다른 문화, 언어, 삶의 경로를 넘어 우리 자신의 입양에 얽힌 진실, 특히 입양으로 이어진 개인적 사연에 대한 진실을 밝히려는 강한 열망을 공유하고 있습니다. 우리는 또한 한국과도 관계를 맺고 있는데 이는 결코 단순하지 않습니다. 한국은 우리 삶이 시작된 곳이며, 우리 시작에 대한 가장 큰 답을 갖고 있는 곳이기도 합니다. 따라서 한국은 우리에게 절대적으로 미지의 장소인 동시에 가장 친밀하고 익숙한 곳입니다. 한국이 유엔 아동권리협약을 비준한 지도 33년이 지났습니다. 입양인들과 우리의 늙은 부모님들, 그리고 우리가 사랑하는 모든 이는 당국이 지금부터라도 법을 준수할 것을 긴급하게 요구합니다.

유엔 아동권리협약 제8조는 다음과 같습니다.

> 1. 당사국은 위법한 간섭을 받지 아니하고, 국적, 성명 및 가족관계를 포함하여 법률에 의하여 인정된 신분을 보존할 수 있는 아동의 권

> 리를 존중한다.
>
> 2. 아동이 그의 신분 요소 중 일부 또는 전부를 불법적으로 박탈당한 경우, 당사국은 그의 신분을 신속하게 회복하기 위하여 적절한 원조와 보호를 제공하여야 한다.

마지막으로 이 책은 소중한 친구와 동료들의 특별 지원 및 도움으로 가능했기에 감사의 말을 전합니다. 이 책이 나오기까지 이은혜 편집장님의 헌신적인 도움을 받은 것은 큰 행운이었습니다. 편집장님의 친절하고 열정적인 손길로 이 책은 현실이 될 수 있었습니다. 누구보다도 이 프로젝트의 첫발을 내딛고 끝까지 함께해준 유지영 작가님께 고마운 마음을 전합니다. 번역을 맡아준 안철홍 선생님의 도움도 컸습니다. 마찬가지로 단행본으로 나오기 전 매체에 실릴 때 번역을 도와준 친구 전세희와 그녀가 속한 그룹 LATE(영어 번역으로 입양 배우기/국내입양모 번역모임)의 오현화, 이사라, 최연주님에게도 특별한 감사를 전합니다. 마지막으로 입양인들이 한국 독자들과 이야기를 나눌 공간을 아낌없이 제공해주신 전홍기혜 이사장님, 입양인들을 늘 응원해주시는 뿌리의집의 모든 분께 감사드립니다.

옮긴이 **안철흥**

고려대 경제학과를 졸업하고 『시사저널』 『시사IN』에서 기자로 일했다. 지은 책으로 『다시 희망을 묻는다』가 있고, 옮긴 책으로 『키신저 재판』 『이코노크러시』 등이 있다.

자기 자신의 목격자들

초판인쇄 2024년 9월 27일
초판발행 2024년 10월 4일

지은이 한분영·페테르 묄레르·제인 마이달·황미정 외
옮긴이 안철흥
펴낸이 강성민
편집장 이은혜
마케팅 정민호 박치우 한민아 이민경 박진희 황승현
브랜딩 함유지 함근아 박민재 김희숙 이송이 박다솔 조다현 정승민 배진성
제작 강신은 김동욱 이순호

펴낸곳 (주)글항아리 **출판등록** 2009년 1월 19일 제406-2009-000002호

주소 경기도 파주시 심학산로10 3층
전자우편 bookpot@hanmail.net
전화번호 031-955-2689(마케팅) 031-941-5161(편집부)

ISBN 979-11-6909-304-0 03330

잘못된 책은 구입하신 서점에서 교환해드립니다.
기타 교환 문의 031-955-2661, 3580

www.geulhangari.com